Aprende INGLÉS EN 3 MESES

INGRESA AL CURSO ONLINE
https://inglesd.com/

APRENDE INGLÉS EN 3 MESES
1era. edición: julio 2022
D.R. © 2022, TRIALTEA USA

Diseño de cubierta: Mumy Urbano
Diseño de interiores: Marina García
Fotografía de cubierta: © Dreamstime.com

Impreso en Estados Unidos / *Printed in USA*

ISBN: 978-1-681655-76-5

ANOTA AQUÍ TUS DATOS PARA ENTRAR AL CURSO ONLINE

EMAIL:

CONTRASEÑA:

Índice de contenidos

Unidad 15

LET'S SPEAK ENGLISH:

GRAMÁTICA FÁCIL:

UNIDAD 1

En esta unidad estudiaremos:

LET'S SPEAK ENGLISH:

a) Saludos.
b) Entregar algo a alguien.
c) Agradecimientos.
d) Expresiones útiles.

GRAMÁTICA FÁCIL:

a) Pronombres personales sujeto.
b) Presente del verbo «to be» (forma afirmativa).

Diálogo

Maggie quiere matricularse en un curso de pintura y acude a un centro donde poder realizarlo.

Tom:	**Good afternoon!**
Maggie:	**Good afternoon! I am** Maggie Smith and **I am** interested in a painting course.
Tom:	My name is Tom Roberts and **I am** the director of this art institute. How can we help you?
Maggie:	I need some information about painting courses: levels, timetable, price.... But **I am** in a hurry now.
Tom:	Don't worry. We can send you all the information by mail or e-mail. **Please**, fill out this form.
Maggie:	**Excuse me?**
Tom:	We need your personal information.
Maggie:	Ah! ...yes....**I'm sorry** but I don't have a pen.
Tom:	**Here you are.**
Maggie:	**Thank you very much.**
Tom:	**You're welcome.**
Maggie:	Name.....address......telephone number.....e-mail address...... That's it! **Here you are**, Mr. Roberts.
Tom:	**Thank you.** ....Ms. Smith, where are you from?
Maggie:	**I am** from San Francisco.
Tom:	I see. **I am** from New York.
Maggie:	Well, **excuse me** but, as I said before, **I am** in a hurry and have to go.
Tom:	Don't worry. We will send you all the information you need.
Maggie:	**Thank you very much.**
Tom:	**You're welcome.**
Maggie:	**Goodbye!**
Tom:	**Goodbye!**

Diálogo

(traducción)

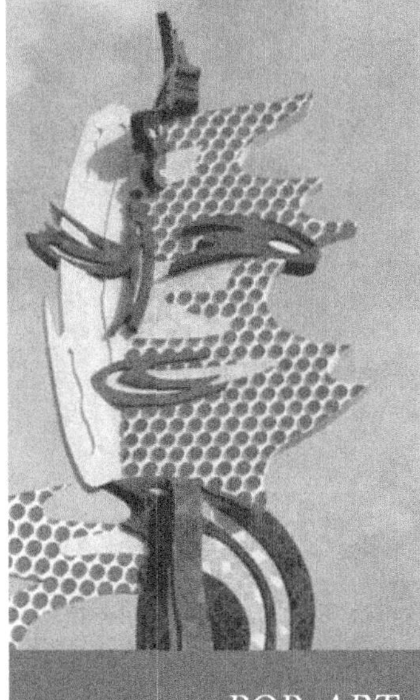

POP-ART

Este movimiento artístico llegó a los Estados Unidos a finales de los años '50 y se impuso en los '60. Algunos de los artistas más destacados fueron: Andy Warhol, Keith Haring, Jasper Johns y Roy Lichtenstein.

Tom:	*¡**Buenas tardes!***
Maggie:	***¡Buenas tardes! Soy** Maggie Smith y estoy interesada en un curso de pintura.*
Tom:	*Me llamo Tom Roberts y **soy** el director de esta escuela de arte. ¿Cómo podemos ayudarla?*
Maggie:	*Necesito información sobre cursos de pintura: niveles, horario, precio..; pero ahora **tengo** prisa.*
Tom:	*No se preocupe. Podemos enviarle toda la información por correo o por correo electrónico. **Por favor**, rellene este formulario.*
Maggie:	***¿Perdón?***
Tom:	*Necesitamos sus datos personales.*
Maggie:	*¡Ah, sí! **Lo siento,** pero no tengo bolígrafo.*
Tom:	***Aquí tiene.***
Maggie:	***Muchas gracias.***
Tom:	***De nada.***
Maggie:	*Nombre.......dirección....número de teléfono....dirección de correo electrónico..... ¡Ya está! **Aquí tiene**, Sr. Roberts.*
Tom:	***Gracias**. Srta. Smith, ¿de dónde es usted?*
Maggie:	***Soy** de San Francisco.*
Tom:	*Bien. Yo **soy** de Nueva York.*
Maggie:	*Bueno, **disculpe**, pero como dije antes, **tengo** prisa y he de irme.*
Tom:	*No se preocupe. Le enviaremos toda la información que necesita.*
Maggie:	***¡Muchas gracias!***
Tom:	***De nada.***
Maggie:	***¡Adiós!***
Tom:	***¡Adiós!***

ACTIVA TU INGLÉS

a

Saludos - Greetings

La expresión más utilizada cuando dos personas se saludan es «Hello!» (¡Hola!). De forma coloquial, también podemos decir «Hi!»

Otras alternativas son:

Si el saludo tiene lugar por la mañana, «**Good morning!**» (*¡Buenos días!*)

Si es a partir del mediodía, «**Good afternoon!**» (*¡Buenas tardes!*)

Y si es a partir de media tarde, «**Good evening!**» (*¡Buenas tardes! o ¡Buenas noches!, según corresponda*)

Para despedirnos, también podemos utilizar distintas fórmulas.

La más usual es «**Goodbye!**» (*¡Adiós!*), que, de forma coloquial, puede quedar en «**Bye**» o «**Bye-bye**».

También podemos usar «See you!» (¡Hasta la próxima!) y otras expresiones derivadas:

See you later! (*¡Hasta luego!*)

See you soon! (*¡Hasta pronto!*)

See you tomorrow! (*¡Hasta mañana!*)

Si es de noche y nos despedimos de alguien a quien no veremos más esa noche, o bien nos despedimos para ir a dormir, usamos

«**Good night!**» (*¡Buenas noches!*)

Let's speak English

Recuerda

Como podemos ver, al escribir debemos tener en cuenta que, en inglés, sólo se usa un signo de exclamación (!) al final de la frase o expresión.

Let's speak English

b Entregar algo a alguien

Cuando hacemos entrega de algo a alguien, pagamos algo, etc., solemos acompañar el gesto con las expresiones «Here you are» o «There you are» (Aquí tiene).	- The shirt is $30. - Ok, **here you are.** *- La camisa cuesta $30.* *- De acuerdo, aquí tiene.*

c Agradecimientos - *Thanking*

Para dar las gracias por algo, podemos decir:	*Y para responder:*
Thanks / *Gracias*	**You're welcome** *De nada*
Thank you / *Gracias*	**Not(hing) at all** *De nada*
Thanks a lot *Muchas gracias*	**Don't mention it!** *No hay de qué*
Thank you very much *Muchas gracias*	
Thank you very much, indeed! *¡Muchísimas gracias!*	

Thank you note

Luego de una celebración, se considera un buen gesto de cortesía social el enviar a los asistentes «tarjetas de agradecimiento», para reconocer la presencia y los regalos recibidos.

Thanksgiving Day

El último jueves de noviembre se celebra el «Día de Acción de Gracias», que recuerda la ayuda que los primeros colonos (peregrinos ingleses) recibieron de la tribu Wampanoag; gracias a la cual pudieron sobrevivir en América. La cena típica incluye pavo asado, pan de maíz, calabazas, arándanos y otros productos de otoño.

ACTIVA TU INGLÉS

Let's speak English

d Expresiones útiles - Useful expressions

Cuando se solicita algo, se suele acompañar de «please» (por favor).

Show me your card, **please.**
Muéstreme su tarjeta, por favor.

Si no se entiende algo que nos dicen, podemos utilizar:

«**Excuse me?**» (*¿Cómo?*), «**Pardon?**» (*¿Perdón?*), o simplemente, «**What?**» (*¿Qué?*) y así pedimos que nos lo repitan.

Para pedir disculpas por algo:

«**Sorry**» o «**I'm sorry**» (*Lo siento / perdón / disculpe*).

Otros usos de "Excuse me"

Además del uso mencionado cuando queramos que nos repitan algo que se ha dicho, "Excuse me" también se utiliza para disculparnos ante alguien por haberle molestado, interrumpido, por haber chocado con él o haberle pisado, por ejemplo, o cuando hemos hecho algo un tanto embarazoso o inadecuado, como puede ser estornudar o eructar ante alguien.

ACTIVA TU INGLÉS

Gramática fácil

a Pronombres personales sujeto

Los pronombres personales los usamos para sustituir a los nombres de personas, animales, cosas, lugares, etc, cuando éstos funcionan como sujeto de una oración.

Las formas singulares son:

I	(*)	*yo*
you	(**)	*tú, usted*
he		*él*
she		*ella*
it	(***)	-

John is American.
John es estadounidense.
He is American.
Él es estadounidense.

Sarah speaks English
Sarah habla inglés.
She speaks English
Ella habla inglés.

*

El pronombre «I» siempre se escribe en mayúscula.

I am a student.
Yo soy estudiante.

**

*El pronombre «**you**», en singular, equivale tanto a «**tú**» como a «**usted**».*

You live in the USA.
Tú vives en los EEUU.
Usted vive en los EEUU.

***

*El pronombre «**it**» designa animales, cosas o lugares. En español, este pronombre no tiene equivalente.*

Miami is a big city.
Miami es una gran ciudad.

It is a big city.
Es una gran ciudad.

Tobby is a dog.
Tobby es un perro.

It is a dog. / *Es un perro*

We the People of the United States...

Con estas palabras comienza el preámbulo de la Constitución de los Estados Unidos y es allí donde se establece la intención y propósito de la Carta Magna.

Las formas plurales son:

we	*nosotros, nosotras*
you	*ustedes*
they (*)	*ellos, ellas*

*

*El pronombre «**they**» es la forma plural de «**he**», «**she**» e «**it**».*

John and Sarah are American.
John y Sarah son estadounidenses.

They are American.
Ellos son estadounidenses.

The door and the table are white.
La puerta y la mesa son blancas.

They are white.
Son blancas.

El verbo «to be»

El verbo «to be» equivale a los verbos «ser» y «estar».

En presente, se forma de la siguiente manera:

I am	*yo soy, estoy*	**we are**	*nosotros/as somos, estamos*
you are	*tú eres, estás* *usted es, está*	**you are**	*ustedes son, están*
he is **she is** **it is**	*él es, está* *ella es, está* *es, está*	**they are**	*ellos/as son, están*

ACTIVA TU INGLÉS

Gramática fácil

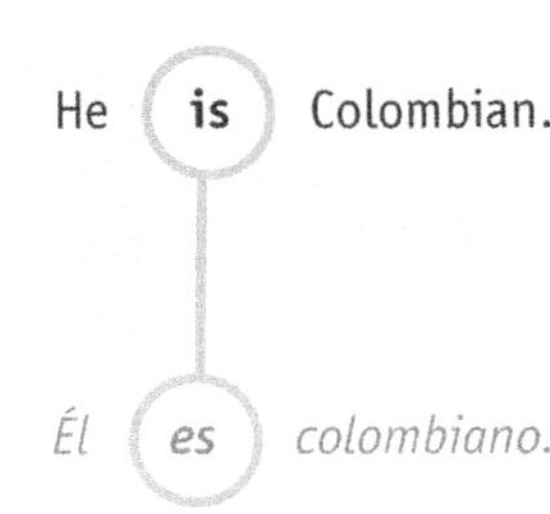

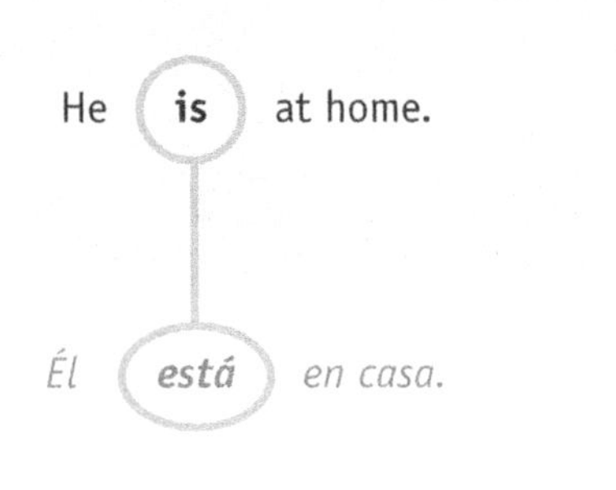

Ser:

I am Víctor.
Yo soy Víctor.

You are a student.
Tú eres (Usted es) estudiante.

It is a chair.
Es una silla.

We are Spanish.
Nosotros somos españoles.

They are American.
Ellos son americanos.

Estar:

I am in Miami.
Yo estoy en Miami.

She is ill.
Ella está enferma.

It is on the floor.
Está en el suelo.

You are in Mexico.
Tú estás (Usted está / Ustedes están) en México.

They are at school.
Ellos están en la escuela.

Sweet 16

Así como en la cultura hispánica se acostumbra a celebrar -como antiguo ritual de presentación en sociedad- el quinceavo cumpleaños de las niñas, en EEUU ese festejo se realiza al cumplir los dieciséis.

ACTIVA TU INGLÉS

Gramática fácil

Hemos de tener en cuenta que, en español, en muchos casos no se hace uso de los pronombres personales, ya que basta el verbo para saber quién realiza la acción, pero, en inglés, dichos pronombres sí son necesarios.

~~(Yo)~~ Soy mejicano.	**I** am Mexican.
~~(Tú)~~ Eres Michael.	**You** are Michael.
~~(Nosotros)~~ Somos altos.	**We** are tall.
~~(Ustedes)~~ Están en casa.	**You** are at home.
~~(Un libro)~~ Está en la mesa.	**It** is on the table.
~~(Ella)~~ Es argentina.	**She** is Argentinian.

Hay algunas expresiones en las que el verbo «to be» también puede tener otros significados en español, como «tener»:

You are 22 years old.	*Tú **tienes** (Usted **tiene**) 22 años.*
We are lucky.	*Nosotros/as **tenemos** suerte.*
They are hungry.	*Ellos/as **tienen** hambre.*
I am thirsty.	***Tengo** sed.*
She is in a hurry.	*Ella **tiene** prisa.*
He is hot and **I am** cold.	*Él **tiene** calor y yo **tengo** frío.*

ACTIVA TU INGLÉS

Ejercicios

1

¿Cuál de estas frases es incorrecta?

a) They are Brenda and John.

b) I am a student.

c) He are Mexican.

d) It is a table.

2

Completa con la forma correcta del presente del verbo «to be».

a) My name ________ Robert.

b) Linda ________ tall.

c) Peter and Bill ________ at school.

d) I ________ thirsty.

3

Encuentra cinco pronombres sujeto en la sopa de letras.

E	L	O	P	A	S	H	U
T	A	R	E	I	S	W	O
S	A	M	Y	B	D	E	L
P	H	T	O	N	C	Z	Q
V	K	E	U	H	A	R	M

Sundance Festival

El Festival de Cine de Sundance se celebra anualmente en Park City, Utah. El evento surgió como fruto del apoyo de Robert Redford a los jóvenes creadores del cine. En 1983 se realizó la primera edición y hoy es considerado como el festival de cine independiente más importante del mundo.

SOLUCIONES 1.- c / 2.- **a)** is; **b)** is; **c)** are; **d)** am / 3.- I, you, he, she, we

UNIDAD 2

En esta unidad estudiaremos:

LET'S SPEAK ENGLISH:
a) Saludos. b) Presentaciones. c) Agradecimientos.

GRAMÁTICA FÁCIL:
a) Contracciones del verbo «to be» en presente (forma afirmativa).
b) Presente del verbo «to be» (preguntas).
c) Adjetivos posesivos: my, your.
d) Adjetivos demostrativos: this, that, these, those.
e) Adjetivos calificativos.

Diálogo

Jane invita a su amigo David a su casa.

Jane: **Hi, David! How are you?**
David: **Hello! I'm fine, thanks. And you?**
Jane: **Very well, thank you. Thanks for coming!**
David: That's okay. **I'm** pleased to see you!
Jane: **I'd like to introduce you to** ... *(She shows a photo of a baby)* **This is** Laura, my **new** baby niece.
David: Wow, **she's beautiful! Is she** really **your** niece?
Jane: Yes, **she is.**
David: How old **is** she?
Jane: **She's** 3 days old.
David: Her eyes **are blue,** like yours.
Jane: Yes, and I think she'll be **tall,** like **my** brother.
(Looking outside) What**'s that** in front of the house?
David: Oh, **that's my** car!
Jane: **Is it new?**
David: Yes.
Jane: **It's very nice.** It looks **expensive!**
David: **It is;** but I love it.
Jane: Do you want some tea?
David: Yes, please.
Jane: And a cookie?
David: Mmm, yes! **I'm** a little hungry!
(After a while)
David: Well, Jane, **it's** time to go. **Thanks for inviting me**!
Jane: **You're** welcome. Then, see you soon!
David: Bye-bye!

ACTIVA TU INGLÉS

Diálogo

(traducción)

Cookies

Las famosas galletas con chips de chocolate son obra de Ruth Wakefield, cocinera del Toll House, una antigua posada de Massachusetts. Allá por 1930, Ruth reemplazó el cacao en polvo de su receta de galletas de manteca, por trozos de chocolate semiamargo. Así nació este gran favorito de la gastronomía americana.

Jane:	*¡Hola, David! ¿Cómo estás?*
David:	***¡Hola! Estoy bien, gracias. ¿Y tú?***
Jane:	*Muy bien, gracias. Gracias por venir.*
David:	*De nada. Es un placer verte.*
Jane:	***Quisiera presentarte a**......(muestra la foto de un bebé). **Esta es** Laura, mi **nueva** sobrinita.*
David:	*¡Caramba! **Es preciosa**. ¿**Es** realmente **tu** sobrina?*
Jane:	***Sí.***
David:	*¿Qué edad **tiene**?*
Jane:	***Tiene** tres días.*
David:	*Sus ojos **son azules**, como los tuyos.*
Jane:	*Sí, y creo que será **alta**, como **mi** hermano. (Mirando fuera) ¿Qué **es eso** que hay delante de la casa?*
David:	*¡Ah! **Es mi** auto.*
Jane:	***¿Es nuevo?***
David:	*Sí.*
Jane:	***Es muy bonito**. Parece **caro**.*
David:	***Lo es**; pero me encanta.*
Jane:	*¿Quieres un té?*
David:	*Sí, por favor.*
Jane:	*¿Y unas galletas?*
David:	*Mmm, ¡sí! **Tengo** un poco de hambre.*

(Tras un rato)

David:	*Bueno, Jane, **es** hora de irme. **Gracias por invitarme**.*
Jane:	*De nada. Hasta pronto, entonces.*
David:	*¡Adiós!*

ACTIVA TU INGLÉS

Let's speak English

a Saludos – Greetings

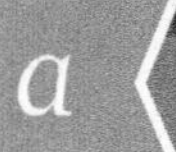

A modo de saludo, así como para preguntar por alguien, habitualmente se utiliza la expresión:

How are you?
¿Cómo estás?, ¿Cómo está usted?

Estas expresiones suelen ir acompañadas de «**And you?**» (¿Y tú/usted?) para devolver la pregunta.

- How are you?
¿Cómo estás tú? (¿Cómo está usted?)

- Fine, thanks. And you?
- Bien, gracias. ¿Y tú? (¿Y usted?)

Y para responder podemos decir:

(I'm) fine, thanks.
Estoy bien, gracias.

(I'm) OK, thanks.
Estoy bien, gracias.

(I'm) very well, thank you.
Estoy muy bien, gracias.

(I'm) great, thank you.
Estoy fenomenal, gracias.

Quite well, thank you.
Perfectamente, gracias.

(I'm) so, so.
Estoy así, así. (más o menos)

b Presentaciones - Introductions

Para presentarse uno a sí mismo, se pueden utilizar distintas expresiones:

Hello, **I'm** Michael. (informal)
Hola, soy Michael.

My name is Michael. (formal)
Mi nombre es Michael.

Business are business

El protocolo para las presentaciones y reuniones de trabajo suele ser formal en EEUU. Es muy importante la puntualidad y la claridad para expresar ideas, para no perder tiempo. Se estila vestir traje o talleur y el trato usual -a menos que el interlocutor indique lo contrario- es de Mr. o Miss.

Let's speak English

Para presentar a otra persona se puede decir:

Mark, **this is** Susan. (informal)
Mark, ella es Susan.

Let me introduce you to Susan. (formal)
Permítame presentarle a Susan.

I'd like to introduce you to Susan. (formal)
Me gustaría presentarle a Susan.

Al saludarse las personas que se han presentado, suelen decir:

(It's) **nice to meet you.** (informal)
Mucho gusto / Encantado de conocerte.

(I'm) **pleased / glad to meet you.** (informal)
Mucho gusto / Encantado de conocerte.

How do you do?* (formal)
Es un placer conocerle.

* Esta pregunta se responde formulando la misma pregunta.

C Agradecimientos - Thanking

Para agradecer a alguien alguna acción usamos la preposición ***«for»*** *y dicha acción en* ***gerundio*** *(infinitivo + ing).*

Thank you **for coming**.
Gracias por venir.

Thank you **for helping** me.
Gracias por ayudarme.

Thanks **for carrying** these parcels.
Gracias por llevar estos paquetes.

a Contracciones del verbo «to be» en presente

Gramática fácil

En la unidad anterior vimos cómo se forma el presente del verbo «to be» de forma afirmativa. A continuación vamos a ver cómo se usa de forma contraída. Para ello, unimos el verbo al sujeto y sustituimos la primera letra del verbo por un apóstrofe. Así:

I am ▶ **I'm**	**I'm** a gardener.	*Soy jardinero.*
you are ▶ **you're**	**You're** a good student.	*Tú eres un buen estudiante.*
he is ▶ **he's**	**He's** American.	*Él es estadounidense.*
she is ▶ **she's**	**She's** really pretty.	*Ella es muy linda.*
it is ▶ **it's**	**It's** a red table.	*Es una mesa roja.*
we are ▶ **we're**	**We're** from Mexico.	*Somos de México.*
you are ▶ **you're**	**You're** at work.	*Ustedes están en el trabajo.*
they are ▶ **they're**	**They're** Alex and Eric.	*Ellos son Alex y Eric.*

La forma «is» también puede contraerse con el sujeto cuando éste es un nombre propio.

John's at home. = **John is** at home.
John está en casa.

Brenda's your sister. = **Brenda is** your sister.
Brenda es tu hermana.

The way you are...

Billy Joel es uno de los músicos americanos con más ventas en EEUU. Su éxito «Just the way you are» fue un regalo de cumpleaños para su primera esposa. Este bello tema ganó un Grammy como mejor canción (1978) y tiene numerosas versiones, entre las que se destaca la de Barry White.

ACTIVA TU INGLÉS

The Grand Canyon

El Gran Cañón está considerado como una de las maravillas naturales del mundo. Se ubica el norte de Arizona, dentro del Parque Nacional del Gran Cañón (uno de los primeros de Estados Unidos). El cañón fue formado por el río Colorado, cuyo cauce socavó el terreno durante millones de años. Actualmente tiene unos 350 km de longitud, cuenta con cordilleras de entre 6 a 29 km de ancho y alcanza profundidades de más de 1.600 metros.

Gramática fácil

b Preguntas con el presente del verbo «to be»

Para hacer preguntas con el verbo «to be», lo colocamos delante del sujeto.

De esta manera:

He is your teacher. *Él es tu profesor.*
Is he your teacher? *¿Es él tu profesor?*

Hemos de tener en cuenta que, al escribir, sólo se utiliza un signo de interrogación al final de la pregunta (?).

Is she an actress?
¿Es ella actriz?

Is it an expensive car?
¿Es un auto caro?

Are we happy?
¿Estamos nosotros contentos?

Are they in Miami?
¿Están ellos en Miami?

Are you Mexican?
¿Son ustedes mejicanos?

Adjetivos posesivos: my – your (mi -tu/su)

Gramática fácil

Estos adjetivos indican posesión y siempre van seguidos de un nombre.
En este capítulo estudiaremos los correspondientes a las dos primeras personas.

I	*(yo)*	**my**	*(mi, mis)*
you	*(tú)*	**your**	*(tu, tus)*
you	*(usted)*	**your**	*(su, sus, de usted)*

Los adjetivos posesivos en inglés son invariables, bien se utilicen con un nombre en singular o en plural.

It's **my** dog.
Es mi perro.

They're **my** dogs.
Son mis perros

My name is Tom.
Mi nombre es Tom / Me llamo Tom.

This is **your** house.
Esta es tu casa.

My brothers are James and Paul.
Mis hermanos son James y Paul.

Your parents are Dominican.
Tus padres son dominicanos.

Ya hemos visto que el adjetivo posesivo **«your»** *equivale al posesivo de* **«tú»** *y de* **«usted»**. *En español hay diferencia entre ambos, pues uno es* **«tu/tus»** (tú) *y el otro,* **«su/sus»** (usted), *pero en inglés será el contexto el que marque dicha diferencia. Veamos un ejemplo. Imaginemos que nos mudamos a vivir a un sitio nuevo y nos queremos presentar a algunos vecinos. Si encontramos a un adolescente, le podemos decir:*

Hello! I am **your** new neighbor.
(¡Hola! Soy tu nuevo vecino.)

Pero si encontramos a una persona mayor o a alguien con quien debamos o queramos mantener un tono de formalidad, le diríamos exactamente lo mismo:

Hello! I am **your** new neighbor.
(¡Hola! Soy su nuevo vecino.)

Gramática fácil

Adjetivos demostrativos: this, that, these, those

Los adjetivos demostrativos acompañan a un nombre y se utilizan para mostrar la distancia entre el hablante y el objeto del que se habla.

Sus formas en singular son:	*Sus formas en plural son:*
this *este, esta, esto*	**these** *estos, estas*
that *ese, esa, eso, aquel, aquella, aquello*	**those** *esos, esas, aquellos, aquellas*

Estos adjetivos tienen la misma forma con nombres masculinos o femeninos.

This man is my father.
Este *hombre es mi padre.*

This woman is my mother.
Esta *mujer es mi madre.*

That boy is John.
Ese/aquel *chico es John.*

That girl is your cousin.
Esa/aquella *muchacha es tu prima.*

These books are interesting.
Estos *libros son interesantes.*

Those girls are Linda and Betty.
Esas/aquellas *muchachas son Linda y Betty.*

*El demostrativo «**that**» puede contraerse con «**is**»:*

That is my car ▶ **That's** my car
Ese/aquel es mi auto.

e Adjetivos calificativos

Estos adjetivos se usan para describir personas, animales, cosas, lugares, circunstancias, etc., indicando características de los mismos. Así, pueden indicar color, tamaño, procedencia, peso, aspecto, etc.

She is **tall.** *Ella es alta.*

That girl is very **intelligent.** *Esa muchacha es muy inteligente.*

Los adjetivos no tienen marca de género ni número, es decir, son invariables para el masculino, femenino, singular y plural.

This car is **expensive.**
*Este auto es **caro**.*

These cars are **expensive.**
*Estos autos son **caros**.*

This house is **expensive.**
*Esta casa es **cara**.*

These houses are **expensive.**
*Estas casas son **caras**.*

Cuando los adjetivos acompañan a un nombre, se colocan delante de él.

It's a **difficult** exercise.
Es un ejercicio difícil.

They are **good** students.
Ellos/as son buenos/as estudiantes.

That **slim** boy is my brother.
Ese muchacho delgado es mi hermano.

Los adjetivos también pueden llevar delante palabras que los intensifican. La más común es «very» (muy).

That film is **very boring.**
Esa película es muy aburrida.

This is **very easy.**
Esto es muy fácil.

Teacher's Day

También llamado «Teacher Appreciation Day» es el día en que alumnos y padres reconocen la importante labor de los maestros y profesores. Se estila agasajarlos con regalos y celebrar con divertidas actividades grupales.

Ejercicios

1

¿Cuáles de estas frases son incorrectas?

a) These is my books.

b) Is that your cell phone?

c) Those are my photos.

d) Are these my house?

e) This is your car.

2

Usa la forma correcta del presente del verbo «to be», utilizando las contracciones siempre que sea posible.

a) She ____ in the garden.

b) I ____ George.

c) Bob and I ____ friends.

d) He ____ a teacher.

e) We ____ hungry.

3

Relaciona con flechas (en algunos casos hay más de una respuesta correcta):

a) Am	Mexican?
b) Are we	a cat?
c) Is	in Italy?
d) Is she	I a student?
e) Is it	students?
f) Are	he Michael?
g) Are you	you thirsty?

SOLUCIONES

1.- a) y **d)** / **2.- a)** 's; **b)** 'm; **c)** are; **d)** 's; **e)** 're / **3.- a)** Am I a student?; **b)** Are we Mexican? / Are we in Italy? / Are we students?; **c)** Is he Michael?; **d)** Is she Mexican? / Is she in Italy?; **e)** Is it a cat? / Is it Mexican? ; **f)** Are you thirsty?; **g)** Are you Mexican? / Are you in Italy? / Are you students?

UNIDAD 3

En esta unidad estudiaremos:

LET'S SPEAK ENGLISH:
a) Saludos y despedidas. b) Invitaciones.
c) Sugerencias. d) Países, nacionalidades e idiomas.

GRAMÁTICA FÁCIL:
a) Presente del verbo «to be» (forma negativa).
Contracciones. b) El gerundio. c) El presente continuo.
d) Pronombres personales objeto.

Diálogo

John llega a casa de su hermana Sarah y hablan sobre sus asuntos recientes.

Sarah: **Hi, John! Come on in! How are things?**

John: **Great, thanks! And you?**

Sarah: **Fine, thank you. Let's** sit down. Well, tell **me** about you.

John: Well, at the moment a friend **is staying** at home with **me. He's from France** and he speaks **French, English and Spanish.**

Sarah: Wow! **Are you practicing** your **French** with **him?**

John: Not a lot. His **English** is excellent and my **French isn't** very good.

Sarah: **Are you showing him** the city?

John: Yes. Today **we're going** to see the cathedral and the museum. Tomorrow **we're going** to the movies.

Sarah: That's great! But the museum **isn't** very nice.

John: Are you kidding? It's interesting!

Sarah: And **are you making him** typical meals?

John: Well, **I'm not** very good at **cooking.** Today **we're going** to eat out.

Sarah: **Let's** have dinner at my house on Sunday!

John: That sounds wonderful! Thanks a lot, Sarah!

Sarah: Don't mention it.

John: And what's your news?

Sarah: Well, **I'm studying Spanish** in the evenings and **I'm taking** aerobics classes, too. I'm very busy.

John: **I'm trying** to learn **Spanish** as well, but **I'm not** a very good student! **Let's** study together.

Sarah: Okay.

John: Well, I'd better go. **Till next time!**

Sarah: **Have a nice day** with your friend! Bye!

ACTIVA TU INGLÉS

Diálogo

(traducción)

American History

El Museo Nacional de Historia Estadounidense se encuentra en Washington D.C. Allí se pueden visitar, entre otras, las exposiciones: "America on the Move" sobre la historia del transporte y "A Glorious Burden" con objetos curiosos los presidentes de EEUU.

Sarah: ***¡Hola, John! ¡Pasa! ¿Cómo van las cosas?***

John: ***Perfectamente, gracias. ¿Y a ti?***

Sarah: ***Bien, gracias. Sentémonos.*** *Bueno, cuéntame de ti.*

John: *Bien, en este momento un amigo* ***se está quedando*** *en casa con****migo****.* ***Él es de Francia*** *y habla* ***francés, inglés y español****.*

Sarah: *Muy bien. ¿****Estás practicando*** *tu* ***francés*** *con* ***él****?*

John: *No mucho. Su* ***inglés*** *es excelente y mi* ***francés no es*** *muy bueno.*

Sarah: *¿****Le estás mostrando*** *la ciudad?*

John: *Sí. Hoy* ***vamos a*** *ver la catedral y el museo. Mañana* ***vamos*** *al cine.*

Sarah: *¡Muy bien! Pero el museo* ***no es*** *muy bonito.*

John: *¿Bromeas? Es interesante.*

Sarah: *¿Y* ***le estás haciendo*** *comida típica?*

John: *Bueno,* ***no soy*** *muy bueno* ***cocinando****. Hoy* ***vamos*** *a comer fuera.*

Sarah: *¡Pues* ***cenemos*** *en mi casa el sábado!*

John: *Suena maravilloso. ¡Muchas gracias, Sarah!*

Sarah: *No hay de qué.*

John: *¿Y qué hay de ti?*

Sarah: *Bueno,* ***estoy estudiando español*** *por las tardes y* ***tomando*** *clases de aerobic también. Estoy muy ocupada.*

John: *Yo* ***estoy intentando*** *aprender* ***español*** *también, pero* ***no soy*** *un estudiante muy bueno.* ***Estudiemos*** *juntos.*

Sarah: *De acuerdo.*

John: *Bueno, me debería ir ahora.* ***¡Hasta la próxima!***

Sarah: *¡****Que pases un buen día*** *con tu amigo! ¡Adiós!*

ACTIVA TU INGLÉS

Let's speak English

a Saludos - Greetings

En las unidades anteriores hemos estudiado distintas formas de saludos. En ésta, vamos a aprender más maneras de saludar y despedirse.

Al saludarse:

How are you doing?
¿Cómo estás?

How is it going?
¿Cómo va todo?, ¿Qué tal?

How are things?
¿Cómo van las cosas?

What's up?
Hola, ¿Qué tal?

Are you all right?
¿Todo bien?

Y podemos responder:

(I'm doing) well, thanks.
Bien, gracias.

(It's going) ok, thank you.
Bien, gracias.

Fine, thank you.
Bien, gracias.

Great! Thank you.
¡Fenomenal! Gracias.

Para despedirse, además de las formas ya aprendidas, encontramos:

Have a nice day!
¡Que tengas un buen día!

Have a nice weekend!
¡Que pases un buen fin de semana!

Till next time!
¡Hasta la próxima!

Let's speak English

b Invitaciones – Invitations

Al invitar a alguien a pasar a casa, se pueden utilizar estas expresiones:

Come in, please!
Come on in, please!

Pasa/pase, por favor.

c Sugerencias – Suggestions

Existen varias maneras de expresar sugerencias en inglés. En esta ocasión veremos el uso de «let's + infinitivo». En este tipo de sugerencias, el hablante tomará parte en las mismas.

To go (ir)	▶	**Let's** go to the movies.	*Vayamos al cine.*
To buy (comprar)	▶	**Let's** buy the newspaper.	*Compremos el diario.*
To speak (hablar)	▶	**Let's** speak English!	*¡Hablemos inglés!*

American Indian Tribes

Estas son las principales tribus de habitantes nativos en los Estados Unidos: Cherokee, Navajo, Sioux, Chippewa, Choctaw, Pueblo, Apache, Iroquois, Creek, Blackfeet, Seminole, Cheyenne, Arawak, Shawnee, Mohegan, Huron, Oneida, Lakota, Crow, Teton, Hopi e Inuit.

ACTIVA TU INGLÉS

d Países, nacionalidades e idiomas - Countries, nationalities and languages

Countries *(países)*	***Nationalities*** *(nacionalidades)*	***Languages*** *(idiomas)*
The United States	American	English
England	English	English
Canada	Canadian	English/French
Australia	Australian	English
Mexico	Mexican	Spanish
Colombia	Colombian	Spanish
Venezuela	Venezuelan	Spanish
Dominican Republic	Dominican	Spanish
Cuba	Cuban	Spanish
Argentina	Argentinian	Spanish
Spain	Spanish	Spanish
Brazil	Brazilian	Portuguese
Germany	German	German
France	French	French
Italy	Italian	Italian
Japan	Japanese	Japanese
China	Chinese	Chinese

Para indicar procedencia usamos la preposición «from» (de, desde):

I'm **from Mexico.** I'm **Mexican.** / *Soy de México. Soy mejicano.*

He's **from Australia**. He's **Australian.**
Él es de Australia. Es australiano.

We're **from the United States.** We speak **English.**
Somos de EEUU. Hablamos inglés.

Let's speak English

Recuerda

Los países, nacionalidades e idiomas siempre se escriben con letra mayúscula.

ACTIVA TU INGLÉS

Gramática fácil

a Presente del verbo «to be» (forma negativa). Contracciones.

Para expresar el verbo «to be» en frases negativas, añadimos «not» después del verbo. Es muy común el uso de las contracciones, que, en este caso, se pueden realizar de dos maneras, excepto para la primera persona:

I **am not** ▶	I'**m not**	*yo no soy/estoy*
you **are not** ▶	you'**re not** - you **aren't**	*tú no eres/estás* *usted no es/está*
he **is not** ▶	he'**s not** - he **isn't**	*él no es/está*
she **is not** ▶	she'**s not** - she **isn't**	*ella no es /está*
it **is not** ▶	it'**s not** - it **isn't**	*no es/está*
we **are not** ▶	we'**re not** - we **aren't**	*nosotros/as no somos/estamos*
you **are not** ▶	you'**re not** - you **aren't**	*ustedes no son/están*
they **are not** ▶	they'**re not** - they **aren't**	*ellos/as no son/están*

I'**m not** Italian. / *No soy italiano.*

You **aren't** a teacher. / *Usted no es profesor.*

He'**s not** tired. / *Él no está cansado.*

She **isn't** Margaret. / *Ella no es Margaret.*

It **isn't** my house. / *No es mi casa.*

We **aren't** Brazilian. / *No somos brasileños.*

You **'re not** happy. / *Ustedes no son felices.*

They **aren't** here. / *Ellos no están aquí.*

In Cold Blood

Truman Capote (1924 - 1984) fue uno de los más destacados escritores americanos. Su novela-documental «A sangre fría» dió origen al término «non-fiction-novel», creando un referente para lo que luego sería el «nuevo periodismo» estadounidense. La novela llegó a vender más de 300.000 ejemplares, permaneciendo en el top ten de ventas durante 37 semanas.

Statue of Liberty

«La libertad iluminando el mundo», conocida como la Estatua de la Libertad fue un regalo hecho por los franceses en 1886 a los estadounidenses para conmemorar el centenario de la Declaración de Independencia de los Estados Unidos y como un signo de amistad entre las dos naciones. Es obra del escultor francés Frédéric Auguste Bartholdi.

Gramática fácil

b El gerundio

El gerundio tiene distintas funciones en inglés. Una de ellas es que forma parte de los tiempos continuos. Equivale en español a las formas acabadas en «-ando» e «-iendo» (saltando, corriendo). Se forma añadiendo «-ing» al infinitivo del verbo (infinitivo + ing), aunque a veces se producen ligeros cambios, que pasamos a ver.

1 *La regla general es «infinitivo + ing»:*

work + ing = working
(trabajar - trabajando)

2 *Si el infinitivo acaba en «e» muda, ésta desaparece al añadir «ing»:*

live + ing = living *(vivir – viviendo)*

3 *Si el infinitivo acaba en «e» sonora, ésta no desaparece:*

see + ing = seeing *(ver – viendo)*

4 *Si el infinitivo acaba en «ie», estas vocales cambian a «y»:*

lie + ing = lying
(mentir – mintiendo)

5 *Si el infinitivo acaba en «y», ésta permanece y se añade «ing»:*

study + ing = studying
(estudiar-estudiando)

6 *Si el infinitivo acaba en la sucesión «consonante-vocal-consonante» y la última sílaba es la acentuada, la última consonante se duplica antes de añadir «ing»:*

begin + ing = beginning
(comenzar – comenzando)

A continuación veremos el uso del gerundio en el presente continuo y, más adelante, trataremos otras funciones del mismo.

El presente continuo

Se forma con el presente del verbo «to be» y el gerundio del verbo que se trate. Sus formas afirmativa, negativa e interrogativa son:

Gramática fácil

[To eat: comer]

afirmativa	negativa	interrogativa
I am eating	I'm not eating	Am I eating?
you are eating	you aren't eating	Are you eating?
he is eating	he isn't eating	Is he eating?
she is eating	she isn't eating	Is she eating?
it is eating	it isn't eating	Is it eating?
we are eating	we aren't eating	Are we eating?
you are eating	you aren't eating	Are you eating?
they are eating	they aren't eating	Are they eating?
Yo estoy comiendo	*Yo no estoy comiendo*	*¿Estoy comiendo?*
Tú estás comiendo	*Tú no estás comiendo*	*¿Estás comiendo?*
Él está comiendo	*Él no está comiendo*	*¿Está él comiendo?*
Ella está comiendo	*Ella no está comiendo*	*¿Está ella comiendo?*
Está comiendo	*No está comiendo*	*¿Está comiendo?*
Nosotros estamos comiendo	*No estamos comiendo*	*¿Estamos comiendo?*
Ustedes están comiendo	*Ustedes no están comiendo*	*¿Están ustedes comiendo?*
Ellos están comiendo	*Ellos no están comiendo*	*¿Están ellos comiendo?*

Apple Pie

El pastel de manzana es una de las especialidades tradicionales de la cocina de EEUU. Si bien la receta llegó como herencia de los inmigrantes europeos, se fue perfeccionado al gusto americano a traves del tiempo, al punto que la expresión "as American as apple pie" se aplica a aquellas cosas tipicamente estadounidenses.

1 *El presente continuo indica una acción que está ocurriendo en el momento en que se habla.*

I am speaking to you.
Estoy hablando contigo.

Is she phoning a friend now?
¿Está ella llamando a una amiga ahora?

The cat is eating.
El gato está comiendo.

It isn't raining.
No está lloviendo.

2 *También indica una acción que transcurre en un momento cercano al actual, aunque no sea en el momento preciso de hablar.*

He's reading «War and Peace».
Él está leyendo «Guerra y Paz».

We're studying French.
Estamos estudiando francés.

3 *El presente continuo también se utiliza para expresar futuro, pero este apartado se tratará más adelante.*

Gramática fácil

d Pronombres personales objeto

Al tratarse de pronombres, sustituyen a nombres, pero, a diferencia de los pronombres personales sujeto, los pronombres objeto no realizan la acción, sino que la reciben.

Pronombres sujeto (preceden al verbo)		Pronombres objeto (siguen al verbo)	
I	▶	**me**	*(me, a mí)*
you	▶	**you**	*(te, a ti, le, a usted)*
he	▶	**him**	*(le, lo, a él)*
she	▶	**her**	*(le, la, a ella)*
it	▶	**it**	*(le, lo, a ello)*
we	▶	**us**	*(nos, a nosotros/as)*
you	▶	**you**	*(les, a ustedes)*
they	▶	**them**	*(les, a ellos/as)*

Podemos ver que tres pronombres tienen la misma forma, bien sean sujeto u objeto [you (singular), it, you (plural)]. Los pronombres personales objeto se colocan:

I Tras el verbo:

She is helping **me.**
Ella me está ayudando.

I am loving **you.**
Te estoy amando.

They are giving **him** a book.
Ellos le están dando un libro (a él).

You are teaching **us** English.
Tú nos estás enseñando inglés.

II Tras una preposición:

He's looking at **us.**
Él está mirándonos.

They are going to the movies with **her.**
Ellos van al cine con ella.

This present is for **you.**
Este regalo es para ti (usted).

ACTIVA TU INGLÉS

Ejercicios

1

Elige la palabra adecuada:

a) He is studing / studying / study history.

b) I am doing / do / ding an exercise.

c) Are you visitting / visiting / visit the museum?

d) They are phoning / phoneing / phone John

e) Is she work / workking / working in Los Angeles?

2

¿Cuáles de estas frases son correctas?

a) They are reading the newspaper.

b) She isn't studing English.

c) Am I eatting a sandwich?

d) You aren't going to the movies.

e) Is it raining?

3

Completa los espacios en blanco con pronombres objeto.

a) I am helping John. / I am helping _____

b) He is giving Mary a pencil.
He is giving ______ a pencil.

c) I like chocolate. / I like _____

d) This present is for you and your parents.
This present is for _____

e) I am living with Brenda and Peter.
I am living with _____

SOLUCIONES

1.- a) studying; b) doing; c) visiting; d) phoning; e) working /
2.- a), d) y e) /
3.- a) him; b) her; c) it; d) you; e) them

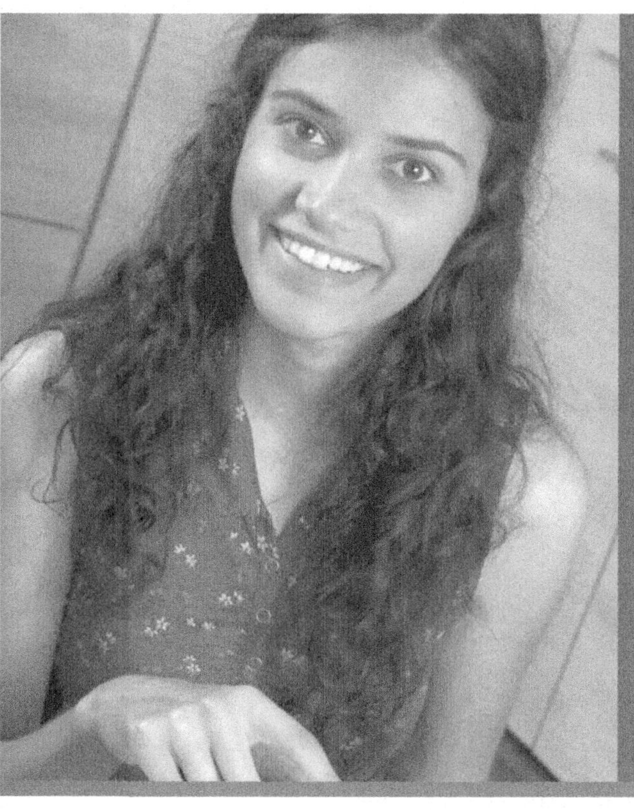

UNIDAD 4

En esta unidad estudiaremos:

LET'S SPEAK ENGLISH:
a) Vocabulario: La familia. b) Descripción de la cara. c) Números del 1 al 50. d) Preguntar y responder acerca de la edad.

GRAMÁTICA FÁCIL:
a) El artículo indeterminado «a / an» (un, una). b) Presente del verbo «to have» (tener, haber). «To have» y « to have got» (I). c) Adjetivos posesivos. d) Los verbos «be like» y «look like». e) Adjetivos relativos a la personalidad y al aspecto físico.

Diálogo

Mike tiene una charla con Linda, su compañera de trabajo, sobre sus familias.

Mike: **Do you have** any **brothers** or **sisters**, Linda?
Linda: Yes, **I have two brothers** and **a sister.**
Mike: Do they **look like** you?
Linda: **My sister looks like** me, but **my brothers have dark hair** and **brown eyes.** They **look like my father.**
Mike: And **what does your mother look like**?
Linda: **She has long blond hair** and **blue eyes**, like me.
Mike: **How old are your brothers and sister?**
Linda: **My sister is twenty-eight years old**, and **my brothers are thirty and thirty- five. My brothers** are **funny** and **extroverted**, but **my sister** is **shy** and **quiet.**
Mike: Well, **I'm like my father. My face** is **long**, like his. **He's sixty-three years old** and **he's** very **tall** and **thin.**
Linda: **Are** you **like your mother**?
Mike: Yes. **I'm talkative like her**, but she's **blonde** and I'm **dark.**
Linda: **I'm like my grandmother**. She's **cheerful** and **absent-minded**, **like** me. **My grandfather** is **quiet** and **intelligent.**
Mike: **How old are you**, Linda?
Linda: **I'm thirty-six years old.** And you?
Mike: **I'm thirty-one.**
Linda: **Do you have a** pet?
Mike: Yes, **I have a** cat. It's very **fat. It looks like me**!
Linda: You're not **fat!**
Mike: Ha, ha. Thanks, Linda!
Linda: **I have a** dog and **a** goldfish. I like animals.
Mike: Me, too. **My cat is three years old. How old is your dog?**
Linda: **«Rusty» is only eight months old**. He's very young.

ACTIVA TU INGLÉS

Diálogo

(traducción)

Mike: *¿Tienes algún hermano o hermana, Linda?*
Linda: **Sí, tengo dos hermanos y una hermana.**
Mike: *¿Se parecen a ti?*
Linda: **Mi hermana se parece a mí, pero mis hermanos tienen el cabello oscuro y los ojos marrones. Ellos se parecen a mi padre.**
Mike: *¿Y cómo es tu madre?*
Linda: **Ella tiene el cabello rubio y los ojos azules, como yo.**
Mike: *¿Qué edad tienen tus hermanos y tu hermana?*
Linda: **Mi hermana tiene veintiocho años y mis hermanos tienen treinta y treinta y cinco. Mis hermanos son divertidos y extrovertidos, pero mi hermana es tímida y callada.**
Mike: *Bueno, yo soy como mi padre. Mi cara es alargada, como la suya. Él tiene sesenta y tres años y es muy alto y delgado.*
Linda: **¿Te pareces a tu madre?**
Mike: *Sí, soy hablador como ella, pero ella es rubia y yo soy moreno.*
Linda: **Yo soy como mi abuela. Ella es alegre y distraída, como yo. Mi abuelo es tranquilo e inteligente.**
Mike: *¿Qué edad tienes, Linda?*
Linda: **Tengo treinta y seis años. ¿Y tú?**
Mike: *Tengo treinta y uno.*
Linda: **¿Tienes mascota?**
Mike: *Sí, tengo un gato. Está muy gordo. ¡Se me parece!*
Linda: **¡No estás gordo!**
Mike: *Ja, ja. Gracias, Linda.*
Linda: **Yo tengo un perro y un pez. Me gustan los animales.**
Mike: *A mí, también. Mi gato tiene tres años. ¿Qué edad tiene tu perro?*
Linda: **«Rusty» tiene sólo ocho meses. Es muy joven.**

Good dog

Según el American Kennel Club, la raza de perros favorita en EEUU es el Labrador Retriever, que desde 1991 ostenta el primer puesto del TOP TEN canino. Le siguen el Golden Retriever, el Yorkshire Terrier y el clásico German Shepherd Dog.

ACTIVA TU INGLÉS

a Vocabulario: *La familia* - The family

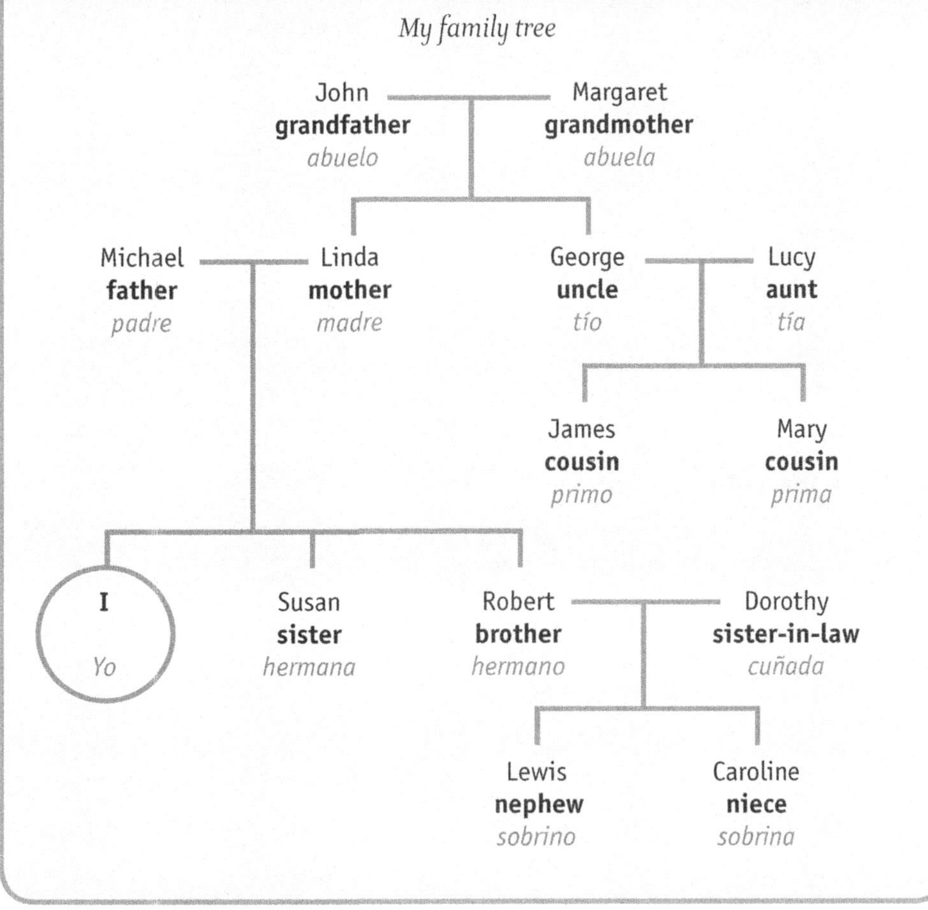

Let's speak English

Hay más términos relacionados con la familia:

parents	*padres*	**wife**	*esposa*
children	*hijos*	**brother-in-law**	*cuñado*
son	*hijo*	**sister-in-law**	*cuñada*
daughter	*hija*	**father-in-law**	*suegro*
grandparents	*abuelos*	**mother-in-law**	*suegra*
grandchildren	*nietos*	**boyfriend**	*novio*
husband	*esposo*	**girlfriend**	*novia*

ACTIVA TU INGLÉS

b Descripción de la cara

A continuación estudiaremos el vocabulario relativo a las partes de la cara y algunos adjetivos para su descripción.

face: *cara*
hair: *cabello, pelo*
forehead: *frente*
eyebrow: *ceja*
eyelashes: *pestañas*
eye: *ojo*
nose: *nariz*
ear: *oreja*
cheek: *mejilla*
mouth: *boca*
lips: *labios*
teeth: *dientes* (**tooth:** *diente*)
chin: *mentón, barbilla*

Al hablar sobre el cabello es frecuente usar alguno de los siguientes adjetivos:

color: **black** *(negro)*, **dark** *(oscuro)*, **brown** *(castaño)*, **blond / fair** *(rubio)*, **red** *(pelirrojo)*.

forma: **straight** *(liso, lacio)*, **curly** *(enrulado, rizado)*, **wavy** *(ondulado)*.

tamaño: **long** *(largo)*, **short** *(corto)*.

Si hablamos de los ojos, éstos pueden ser:

color: **brown** *(marrones)*, **blue** *(azules)*, **green** *(verdes)*, **black** *(negros)*.

tamaño: **big** *(grandes)*, **small** *(pequeños)*.

Cuando usemos varios de estos adjetivos en una frase, el orden de dichos adjetivos será: «tamaño – forma – color»

She has **long curly blond** hair.
Ella tiene el pelo largo, enrulado y rubio.

I have **small brown** eyes.
Tengo los ojos pequeños y marrones.

Let's speak English

Sexiest man alive

Cada año la revista People elige al hombre más atractivo del momento. El primero fue Mel Gibson (1985), y otros han sido Sean Connery (1989) y Denzel Washington (1996), que ha sido el único afroamericano elegido hasta el momento. Brad Pitt, George Clooney, Richard Gere y Johnny Depp han sido galardonados dos veces cada uno.

Place Names

La legislación estadounidense es bastante abierta respecto a nombre propios. Podrás ver que nombres de ciudades y estados son usados también para personas, por ejemplo: Boston, Dakota, Dallas, Brooklyn, Houston, Memphis, Lincoln, Logan, Georgia, Phoenix, Hudson o Chelsea.

Let's speak English

c Números del 1 al 50:

1 one	11 eleven	21 twenty-one
2 two	12 twelve	22 twenty-two
3 three	13 thirteen	23 twenty-three
4 four	14 fourteen	24 twenty-four
5 five	15 fifteen	30 thirty
6 six	16 sixteen	31 thirty-one
7 seven	17 seventeen	37 thirty-seven
8 eight	18 eighteen	40 forty
9 nine	19 nineteen	49 forty-nine
10 ten	20 twenty	50 fifty

A partir del número 21, entre las decenas y las unidades aparece un guión.

d Preguntar y responder acerca de la edad

Para preguntar la edad de alguien usamos «how old?» (¿qué edad?) y el verbo «to be»:

How old are you?
¿Qué edad tienes?

How old is your mother?
¿Qué edad tiene tu madre?

Para responder:

I am twenty-seven (years old).
Tengo 27 años.

My mother is fifty-nine (years old).
Mi madre tiene 59 años.

Vimos al final del unidad 1 que el verbo «to be» podía equivaler a «tener» en algunas expresiones, como ocurre en este caso, al hablar sobre la edad.

Gramática fácil

a El artículo indeterminado «a/an» (un/una)

1 Se utiliza delante de un nombre contable en singular, cuando nos referimos a él por primera vez:

This is **a** book.
Esto es un libro.

He is **a** boy.
Es un muchacho.

2 También se usa al hablar de profesiones u ocupaciones (cuando el sujeto sea singular):

She is **a** teacher.
Ella es profesora.

I'm **a** student.
Soy estudiante.

3 En muchos casos equivale a «one» (uno):

I have **a** car.
Tengo un auto.

4 Se utiliza **«a»** delante de palabras que comienzan por consonante (sonido consonántico):

It is **a** dog. / *Es un perro.*

They have **a** big house.
Ellos tienen una casa grande.

5 Se utiliza **«an»** delante de palabras que comiencen por vocal (sonido vocálico) o «h» muda.

It is **an** egg. / *Es un huevo.*

He is **an** architect. / *Él es arquitecto.*

I exercise for **an** hour.
Hago ejercicio durante una hora.

Poor Richard, 1733.
AN
Almanack
For the Year of Chrift
1733,
Being the Firft after LEAP YEAR:

And makes fince the Creation	Years
By the Account of the Eastern *Greeks*	7241
By the Latin Church, when ☉ ent. ♈	6932
By the Computation of *W. W.*	5742
By the *Roman* Chronology	5682
By the *Jewish* Rabbies	5494

Poor Richard´s Almanack

Fue un almanaque anual publicado por Benjamin Franklin (bajo el seudónimo de Richard Saunders). Se editó desde 1732 hasta 1758 con gran éxito de ventas. Esta clase de libros fue muy popular entre la gente de las colonias, que los usaba como guía práctica y entretenimiento, ya que incluía pronósticos del clima, juegos de palabras, consejos para el hogar, etc.

Up in the air

El aeropuerto internacional Hartsfield-Jackson, ubicado en la ciudad de Atlanta (Georgia), es considerado el aeropuerto con más operaciones aéreas del mundo, con casi un millón al año. Cuenta con 5 pistas de aterrizaje, 151 puertas de embarque para vuelos nacionales y 28 para los internacionales, por las que pasan 90 millones de pasajeros.

Gramática fácil

b Presente del verbo «to have» (tener, haber). «To have» y «have got» (I)

Por el momento vamos a considerar a «to have» como «tener».
La forma afirmativa del presente del verbo «to have» es:

I	**have**	*yo tengo*	we	**have**	*nosotros/as tenemos*
you	**have**	*tú tienes, usted tiene*	you	**have**	*ustedes tienen*
he she it	**has** **has** **has**	*él tiene* *ella tiene* *tiene*	they	**have**	*ellos/as tienen*

*Podemos ver que el verbo **«have»** es igual para todas las personas, excepto para la tercera del singular (he, she, it), que es **«has»**.*

I **have** a brother and a sister.	*Tengo un hermano y una hermana.*
She **has** an old car.	*Ella tiene un auto antiguo.*
They **have** a pet.	*Ellos tienen una mascota.*

*Los verbos **«to have»** y **«to have got»** son sinónimos. Así, podemos decir:*

We **have** a small apartment. We **have got** a small apartment.	*Tenemos un apartamento pequeño.*
He **has** big black eyes. He **has got** big black eyes.	*Él tiene los ojos grandes y negros.*

*En la forma afirmativa hay una pequeña diferencia entre ellos: «to have» no se puede contraer con el sujeto pero «to have got», sí. Las contracciones son «**'ve got**» (have got) y «**'s got**» (has got).*

We**'ve got** a small apartment.

He**'s got** big black eyes.

ACTIVA TU INGLÉS

Gramática fácil

En este punto hay que tener cuidado de no confundir la contracción de «is» con la de «has (got)», ya que ambas son iguales: «'s».

He**'s** a good athlete. (is)	*Él es un buen atleta.*
He**'s** got a camera. (has)	*Él tiene una cámara.*

«To have» y «to have got» también son un poco diferentes en negaciones y preguntas también son un poco diferentes:

I **don't have** a racing car = I **haven't got** a racing car
Yo no tengo un auto de carreras

She **doesn't have** a good computer = She **hasn't got** a good computer
Ella no tiene una buena computadora

Do you **have** a credit card? = **Have** you **got** a credit card?
¿Tienes tarjeta de crédito?

Does he **have** a sister? = **Has** he **got** a sister?
¿Tiene él una hermana?

Maple syrup

El jarabe de arce es un producto típico del norte de Estados Unidos. Se utiliza como endulzante (similar a la miel) para postres, pancakes, waffles y tostadas. Se extrae de la savia del arce de azúcar (Acer saccharum) y del arce negro (Acer nigrum). Este producto ya era utilizado por los pueblos originarios y fue adoptado luego por los inmigrantes europeos.

C Adjetivos posesivos

Como ya indicamos en la unidad 2, estos adjetivos indican posesión y siempre acompañan a un nombre. En dicho capítulo estudiamos sólo dos de ellos (my, your), pero a continuación los trataremos todos.

my	*mi, mis*
your	*tu, tus, su, sus (de usted)*
his	*su, sus (de él)*
her	*su, sus (de ella)*
its	*su, sus (de ello)*
our	*nuestro/a/os/as*
your	*su, sus (de ustedes)*
their	*su, sus (de ellos/as)*

That's **your** coat.
Ése es tu abrigo.

Peter isn't **his** cousin.
Peter no es su primo.

Her name is Susan.
Su nombre (de ella) es Susan.

Is this **our** classroom?
¿Es ésta nuestra clase?

Michael is **their** son.
Michael es su hijo (de ellos).

The Star-Spangled Banner

Es el himno nacional de los Estados Unidos. La letra (originalmente un poema llamado «Defense of Fort McHenry») fue escrita en 1814 por Francis Scott Key, un abogado y poeta de 35 años. La música se le atribuye al compositor inglés John Stafford Smith, autor de "The Anacreontic Song", tema del cual se tomaron los acordes. La pieza completa fue declarada himno nacional el 3 de marzo de 1931.

Gramática fácil

d Los verbos «to be like» y «to look like»

Estos dos verbos significan «parecerse a / ser como», pero «to be like» se refiere a la personalidad o al carácter, mientras que «to look like» se refiere al parecido físico.

She **is like** her mother: shy and quiet.
Ella es como su madre: tímida y callada.

We **look like** our grandfather.
Nos parecemos físicamente a nuestro abuelo.

e Adjetivos relativos a la personalidad y al aspecto físico

Personalidad

shy	*tímido*
extroverted	*extrovertido*
quiet	*callado, tranquilo*
talkative	*hablador*
nice	*simpático, agradable*
funny	*divertido*
intelligent	*inteligente*
cheerful	*alegre*
absent-minded	*distraído*

Aspecto físico

tall	*alto*
short	*bajo*
thin, slim	*delgado*
fat, overweight	*gordo*
handsome	*bello (hombre)*
pretty	*bella (mujer)*
ugly	*feo*

They are very **talkative.** / *Ellos son muy habladores.*

She looks like me. We are **tall** and **thin.**
Ella se parece a mí. Somos altas y delgadas.

William is very **funny.** / *William es muy divertido.*

Brenda is **pretty** but she isn't **extroverted.**
Brenda es linda pero no es extrovertida.

ACTIVA TU INGLÉS

Ejercicios

1

Completa en número o en letra:

a) 36: ____________

b) ____: twenty-eight

c) 12: ____________

d) ____: forty-nine

e) 34: ____________

f) 21: ____________

g) ____: sixteen

h) 40: ____________

i) 14: ____________

j) ____: eleven

2

Brenda está preparando la cena del Día de Acción de Gracias...

Adivina cuántas personas van a comer, sabiendo que asistirán: *a grandfather, a grandmother, two fathers, two mothers, three children, two sons, a daughter, two grandchildren, a brother, a sister, a father-in-law and a mother-in-law.*

(Nota: Algunos de estos miembros aparecen más de una vez en esta lista, ya que, después de todo, un padre también es un hijo, etc).

Pennies from Heaven

En EEUU cada una de las monedas de menos de un dólar tiene un nombre específico: 1 centavo = penny; 5 centavos = nickel; 10 centavos = dime; 25 centavos = quarter; 50 centavos = half dollar.

3

¿Cuáles de estas partes del cuerpo no se encuentran en la cara?

a) the legs

b) the eyebrows

c) the mouth

d) the nose

e) the shoulders

4

Rellena los espacios con el adjetivo posesivo correspondiente, que concuerde con el sujeto.

a) I live with ______ boyfriend.

b) We have a big picture in ________ house.

c) Lina or Linda? What's ________ name?

d) The dog has ______ toys.

SOLUCIONES

1.- **a)** thirty-six; b) 28; **c)** twelve; **d)** 49; **e)** thirty-four; **f)** twenty-one; **g)** 16; **h)** forty; **i)** fourteen; **j)** 11. / 2.- Six people / 3.- the legs, the shoulders / 4.- **a)** my; **b)** our; **c)** her/your; **d)** its.

UNIDAD 5

En esta unidad estudiaremos:

LET'S SPEAK ENGLISH:
a) Preguntar y responder sobre el trabajo.
b) Expresiones al recibir invitados.

GRAMÁTICA FÁCIL:
a) El presente simple.
b) Adverbios de frecuencia.
c) Pronombres interrogativos.

Diálogo

Bill es un amigo de Mark, el marido de Mary, y es el primero en llegar a la fiesta que éstos celebran en su casa.

Mary:	Hello! You must be Bill. **Come in, please. Can I take your coat?**
Bill:	Yes, please. It's nice to meet you, Mary. Mark **talks** a lot about you.
Mary:	Mark **is** at the supermarket buying some wine. He'll be back soon. **Help yourself to** a drink. There's beer or fruit juice.
Bill:	I **think** I'll have a beer. Tell me, Mary, **what's your job?**
Mary:	**I'm a** primary school teacher. It's good because I **like** children. **Do you like** children?
Bill:	Yes, but I **don't think** I could be **a** teacher. By the way, Mary, this is a lovely place.
Mary:	Come on, **I'll show you around the house.** This is the living room.
Bill:	**What beautiful pictures**! **Who** is the artist?
Mary:	My brother. He **usually paints** on weekends. He **sells** his paintings in a gallery, but **sometimes** he **gives** them to us.
Bill:	**Do you paint** as well?
Mary:	No, I **don't like** painting, but I **sometimes play** the piano.
Bill:	How interesting! And, is this your bedroom?
Mary:	Yes, it is.
Bill:	**What a lovely view**!
Mary:	Yes. We **always see** the park and the trees when we **wake up**. It's nice. **Where** do you live, Bill?
Bill:	I **live** downtown, but I **don't like** it very much. It's very noisy.
Mary:	Yes, it's very quiet here.
Bill:	**What a lovely house**, Mary! You're very lucky.
Mary:	Thank you very much Bill. Let's sit down and have a drink before the other guests arrive.
Bill:	**Do** you **want** me to help you with the food?
Mary:	Well... Yes, please! Let's go to the kitchen then.

ACTIVA TU INGLÉS

Diálogo

(traducción)

Mary: *Hola. Debes ser Bill.* ***Pasa, por favor****. ¿****Me puedes dar tu abrigo****?*

Bill: *Sí, por favor. Encantado de conocerte, Mary. Mark* ***habla*** *mucho de ti.*

Mary: *Mark* ***está*** *en el supermercado, comprando vino. Volverá pronto. ¡****Sírvete*** *una bebida! Hay cerveza o jugo de frutas.*

Bill: ***Creo*** *que tomaré una cerveza. Dime, ¿****a qué te dedicas****?*

Mary: ***Soy*** *profesora de una escuela primaria. Está bien porque* ***me gustan*** *los niños. ¿****Te gustan*** *los niños a ti?*

Bill: *Sí, pero* ***no creo*** *que pudiera ser profesor. Por cierto, Mary, este es un lugar encantador.*

Mary: *Vamos,* ***te enseñaré la casa****. Este es el salón.*

Bill: *¡****Qué cuadros tan bonitos****! ¿****Quién*** *es el artista?*

Mary: *Mi hermano. Él* ***normalmente pinta*** *los fines de semana.* ***Vende*** *sus pinturas en una galería, pero,* ***a veces,*** *nos las* ***da****.*

Bill: *¿****Pintas tú*** *también?*

Mary: *No,* ***no me gusta*** *la pintura, pero* ***a veces toco*** *el piano.*

Bill: *¡Qué interesante! Y, ¿es este vuestro dormitorio?*

Mary: *Sí.*

Bill: *¡****Qué vista tan bonita****!*

Mary: *Sí,* ***siempre vemos*** *el parque y los árboles cuando nos* ***despertamos.*** *Es bonito. ¿****Dónde*** *vives tú, Bill?*

Bill: ***Vivo*** *en el centro de la ciudad, pero* ***no me gusta*** *mucho. Hay mucho ruido.*

Mary: *Sí, aquí esto es muy tranquilo.*

Bill: *¡****Qué casa tan bonita****, Mary! Tenéis mucha suerte.*

Mary: *Muchas gracias, Bill. Sentémonos y bebamos algo antes de que lleguen los otros invitados.*

Bill: *¿****Quieres*** *que te ayude con la comida?*

Mary: *Bueno… ¡Sí, por favor! Vayamos entonces a la cocina.*

Bon appétit!

Julia Child (1912-2004) fue una destacada cocinera y escritora estadounidense. Estudió en «Le Cordon Bleu», en Paris, y se le considera pionera en la difusión de la cocina francesa en EEUU. Fue autora de 17 libros y realizó más de 12 ciclos televisivos, siendo «The French Chef» el más conocido.

ACTIVA TU INGLÉS

a Preguntar y responder sobre trabajo

Para preguntar a alguien cuál es su trabajo, podemos utilizar:

What is your job? = What's your job?
¿Cuál es tu trabajo?

What do you do?
¿Qué haces?, ¿A qué te dedicas?

Y a ambas preguntas se puede responder: «I am a + profesión».

I am a student (teacher, painter,...)
Soy estudiante (profesor, pintor,...)

Recuerda que al hablar de profesiones u ocupaciones hay que colocar el artículo «a/an» delante de la profesión, siempre que el sujeto sea una sola persona. Este artículo no se traduce en español.

What's your job? I'm **a** designer.
¿Cuál es tu trabajo? Soy diseñador.

What's her job? She's **an** artist.
¿Cuál es su trabajo? Ella es artista.

Pero este artículo no aparece cuando el sujeto es plural:

What's their job?
They are carpenters.
¿Cuál es su trabajo (de ellos)?
Ellos son carpinteros.

Let's speak English

Let's speak English

b Expresiones al recibir invitados

Al recibir invitados en casa podemos utilizar distintas expresiones:

Al recibirlos:

Welcome to my home!
¡Bienvenido/s a mi casa!

Come in, please!
¡Pase/n, por favor!

Can I take your coat?
¿Pueden darme sus abrigos?

Let me take your umbrellas.
Permítanme sus paraguas.

Al invitarlos a que se sirvan comida o bebida:

Si es una persona:
Help yourself!
¡Sírvete! / ¡Sírvase! (usted)

Si son varias personas:
Help yourselves!
¡Sírvanse! (ustedes)

Si añadimos la comida o bebida, aparece ***«to»****:*

Help yourselves to a drink, please.

Sírvanse algo para beber, por favor.

The West Wing

El «Ala Oeste» de la Casa Blanca es el lugar donde está situado el Despacho Oval (despacho presidencial), la sala de reuniones del Gabinete y la Sala de Situaciones (central de inteligencia), ubicada en el sótano. El «Ala Este», por su parte, alberga un cine privado y las oficinas de la Primera Dama.

The Great Lakes

Los Grandes Lagos son una formación natural ubicada en la frontera de los Estados Unidos con Canadá. Son el mayor grupo de lagos de agua dulce de todo el mundo, con un total de 245.200 km². De oeste a este se encuentran los lagos Superior, Michigan, Hurón, Erie y Ontario. El sistema incluye también los ríos Santa María, Saint Clair, Detroit, así como el río Niágara y sus famosas cataratas.

ACTIVA TU INGLÉS

Let's speak English

Para mostrarles la vivienda:

I'll show you around the house. (informal)
Te mostraré la casa.

Let me show you around the house. (formal)
Permítanme mostrarle la casa.

Los invitados pueden corresponder con expresiones como éstas:

¡Qué + nombre + más / tan + adjetivo!

What + **a/an** + adjetivo + nombre!

What a lovely house! *¡Qué casa más bonita!*

What a nice view! *¡Qué vista tan bella!*

What an expensive vase! *¡Qué jarrón tan caro!*

Pero si el nombre es plural, no aparece el artículo «a».

What big rooms!
¡Qué habitaciones tan grandes!

What beautiful pictures!
¡Qué cuadros tan bonitos!

Gramática fácil

a El presente simple

Ya hemos estudiado el presente simple del verbo «to be» para situaciones o estados y del verbo «to have» para posesiones.

My uncle **is** a teacher.	*Mi tío es profesor.*
They **have** two children.	*Ellos tienen dos hijos.*

A continuación veremos que el presente simple de los verbos se usa para expresar acciones habituales o rutinarias.

I

*En frases afirmativas se forma con el **infinitivo** del verbo (sin «to»), que es invariable para todas las personas, excepto para la 3ª persona del singular (he, she, it), donde se añade una **«s»**. Así:*

[To eat: comer]

I	**eat**	*yo como*
you	**eat**	*tú comes, usted come*
he	**eats**	*él come*
she	**eats**	*ella come*
it	**eats**	*come*
we	**eat**	*nosotros/as comemos*
you	**eat**	*ustedes comen*
they	**eat**	*ellos/as comen*

We **eat** a lot of fish.	*Nosotros comemos mucho pescado.*
She **lives** in New Mexico.	*Ella vive en Nuevo México.*
I **play** basketball.	*Yo juego al baloncesto.*
He **works** from Monday to Friday.	*Él trabaja de lunes a viernes.*
The dog **drinks** a lot of water.	*El perro bebe mucha agua.*
They **study** English.	*Ellos estudian inglés.*

Charging Bull

El Toro de Wall Street es una escultura de bronce creada por el artista Arturo Di Modica. La impactante obra está situada en el parque Bowling Green, cerca de Wall Street, en la ciudad de Nueva York. Según el artista, la postura y expresión del animal representan el optimismo, la agresividad y la prosperidad financiera americana.

Gramática fácil

2

*En frases negativas se utiliza el auxiliar **«don't»** delante del **infinitivo** para todas las personas, excepto para la 3ª persona del singular (he, she, it), que usa **«doesn't»**. En este último caso, el infinitivo no añade «s». Tanto «don't» como «doesn't» equivalen a «no» en español.*

I **don't like** wine.	*No me gusta el vino.*
You **don't live** in Spain.	*Tú no vives en España.*
He **doesn't play** the piano.	*Él no toca el piano.*
She **doesn't get up** at seven.	*Ella no se levanta a las siete.*
The machine **doesn't work** properly.	*La máquina no funciona correctamente.*
We **don't study** German.	*No estudiamos alemán.*
You **don't do** exercise.	*Ustedes no hacen ejercicio.*
They **don't work** in Miami.	*Ellos no trabajan en Miami.*

3

*En preguntas se coloca el auxiliar **«do»** delante del sujeto, o **«does»** si es 3ª persona del singular (he, she, it), y el **verbo en infinitivo**. En este caso, ni «do» ni «does» tienen traducción en español, sino que son la marca de pregunta.*

Do I **spend** a lot of money?	*¿Gasto mucho dinero?*
Do you **understand**?	*¿Comprendes?*
Does he **have** a blue car?	*¿Tiene él un auto azul?*
Does she **like** vegetables?	*¿Le gustan los vegetales (a ella)?*
Does it **rain** in winter?	*¿Llueve en invierno?*
Do we **go** to bed late?	*¿Nos vamos a la cama tarde?*
Do you **speak** French?	*¿Hablan ustedes francés?*
Do they **watch** television?	*¿Ven ellos la televisión?*

Gramática fácil

b Adverbios de frecuencia

Estos adverbios nos indican la frecuencia con la que tiene lugar una acción.

Entre ellos están:

always	*siempre*
generally	*generalmente*
usually	*normalmente*
sometimes	*a veces*
rarely	*pocas veces*
hardly ever	*casi nunca*
never	*nunca*

Se colocan detrás del verbo «to be», si éste aparece en la frase, o delante del verbo, si éste es otro.

I am **usually** at work at nine.
Normalmente estoy en el trabajo a las nueve.

You **rarely** wash your car.
Lavas tu auto pocas veces.

He is **never** late.
Él nunca llega tarde.

Does she **always** buy the newspaper?
¿Ella siempre compra el periódico?

They **sometimes** watch the news on TV.
Ellos a veces ven las noticias en TV.

El adverbio «sometimes» también se puede usar al principio o al final de la oración.

I **sometimes** go to the gym =
Sometimes I go to the gym =
I go to the gym **sometimes**
A veces voy al gimnasio.

Cover Story

Norman Rockwell (1894-1978) fue un célebre ilustrador, fotógrafo y pintor norteamericano. Su estilo costumbrista y humano logró retratar como ninguno la sociedad americana del siglo XX. Su prolífica obra fue inmortalizada en las tapas del «Saturday Evening Post», así como en campañas publicitarias y de bien público.

Motown Sound

Motown Records, también conocida como Tamla-Motown, es una discográfica estadounidense dedicada a la música de artistas afroamericanos. Fue fundada por Berry Gordy en Detroit (Michigan) el 12 de enero de 1959. Ha jugado un papel fundamental en la música pop estadounidense, logrando enorme repercusión en los estilos actuales. Para este sello grabaron artistas como Stevie Wonder, Marvin Gaye, Diana Ross y Michael Jackson.

ACTIVA TU INGLÉS

C Pronombres interrogativos

Gramática fácil

Los pronombres interrogativos son palabras que utilizamos al principio de las preguntas para demandar información acerca de cosas, personas, lugares, momentos, etc. Básicamente son:

What?	*¿Qué?, ¿Cuál?*
Who?	*¿Quién?*
Where?	*¿Dónde?*
When?	*¿Cuándo?*
Why?	*¿Por qué?*
Whose?	*¿De quién?*
Which?	*¿Qué?, ¿Cuál?*
How?	*¿Cómo?*

What is your name?
¿Cuál es tu nombre?

Who is that woman?
¿Quién es esa mujer?

Where is the car?
¿Dónde está el auto?

When is your birthday?
¿Cuándo es tu cumpleaños?

Why are they here?
¿Por qué están ellos aquí?

Whose are those books?
¿De quién son esos libros?

Which is your pencil?
¿Cuál es tu lápiz?

How are you? / *¿Cómo estás?*

ACTIVA TU INGLÉS

Ejercicios

1

Elige la respuesta correcta:

a) I doesn't get / gets / don't get up late.

b) Are / Do / Does you speak Spanish?

c) He doesn't / don't / isn't live in Colombia.

d) What is / do / does she do?

e) They don't / aren't / doesn't write books.

2

Coloca el adverbio de frecuencia en el espacio apropiado.

a) He ________ listens to the radio ________ (never)

b) I ________ go ________ to the movies. (often)

c) They ________ are ________ tired. (always)

d) We ________ watch ________ the news. (sometimes)

e) She ________ is ________ at home in the morning. (usually)

3

Encuentra cinco pronombres interrogativos en la sopa de letras.

W	H	A	T	W
H	O	W	H	O
N	N	E	H	W
P	R	Y	W	H
E	S	A	H	W
W	H	T	A	O

SOLUCIONES

1.- a) I don't get up late; **b)** Do you speak Spanish?; **c)** He doesn't live in Colombia; **d)** What does she do?; **e)** They don't write books.

2.- a) He never listens to the radio; **b)** I often go to the movies; **c)** They are always tired; **d)** We sometimes watch the news; **e)** She is usually at home in the morning.

3.- What, when, where, who, how.

UNIDAD 6

En esta unidad estudiaremos:

LET'S SPEAK ENGLISH:
a) Partes del día.
b) Preguntar la frecuencia con que se realizan acciones.
c) Actividades físicas y deporte.

GRAMÁTICA FÁCIL:
a) Tercera persona del presente simple.
b) Expresar agrado y desagrado.
c) «Also», «too» y «as well».

Diálogo

Susan y James se encuentran en el centro deportivo.

Susan:	Wow! It's hard work **doing exercise in the morning**!
James:	Yes, it is! **How often** do you come to the gym?
Susan:	**Twice a week**. And you?
James:	I come to the gym **four times a week, usually in the afternoon**. I really **enjoy** it.
Susan:	I **enjoy** the gym **as well.**
James:	Do you do any other exercise?
Susan:	I **play tennis once a week**, with my sister. She works during the week, so we play **on weekends**.
James:	I **like** tennis **too**, but I **rarely** play. I **usually** watch it on television.
Susan:	Do you **like playing baseball**?
James:	No. I **hate baseball**.
Susan:	Me, **too**. I **don't like watching** it on television, either. It's boring. I **like going swimming.**
James:	I **love** swimming **as well**! **How often** do you **go swimming**, Susan?
Susan:	Mmm, I **usually** go swimming **three times a week,** when I have time. My husband **comes too**, but he only **watches** because he **doesn't like** swimming.
James:	**How often** does your husband **do exercise**?
Susan:	Well, he **plays** tennis with me and my sister **on weekends.** He **also likes doing karate**.
James:	Does he **do karate**?
Susan:	Yes, he does. He **takes** classes here, at the sports centre, **every Thursday.**
James:	I **enjoy** karate**.** I think I'll come to the classes **as well.**
Susan:	My husband **says** they're very good. He **likes** them a lot.
James:	Well, I'm going home now. Nice talking to you, Susan.
Susan:	To you, **too**, James. Bye!

Diálogo

(traducción)

Boston Marathon

La maratón de Boston es una competencia anual que se celebra desde 1897. Cubre 42,195 kilómetros y es la más antigua del mundo (en 2010 será su 114ª edición). Es una de las cinco pruebas que configuran la World Marathon Majors, competición internacional que agrupa a las 5 grandes maratones del mundo: Nueva York, Chicago, Berlín, Londres y Boston.

Susan: ¡Uf! Es duro **hacer ejercicio por la mañana**.
James: ¡Sí que lo es! **¿Con qué frecuencia** viene usted al gimnasio?
Susan: **Dos veces a la semana**. ¿Y usted?
James: Yo vengo al gimnasio **cuatro veces a la semana, normalmente por la tarde**. Realmente lo **disfruto.**
Susan: Yo **también disfruto** del gimnasio.
James: ¿Hace usted otro ejercicio?
Susan: **Juego al tenis una vez a la semana**, con mi hermana. Ella trabaja durante la semana, por lo que jugamos **los fines de semana**.
James: A mí **también me gusta** el tenis, pero juego **pocas veces. Normalmente** lo veo por televisión.
Susan: ¿Le **gusta jugar al béisbol**?
James: No. **Odio el béisbol**.
Susan: Yo, **también. No me gusta verlo** en televisión, tampoco. Es aburrido. Me **gusta ir a nadar.**
James: Me **encanta** nadar, **también. ¿Con qué frecuencia va a nadar**, Susan?
Susan: Mmm. **Normalmente** voy a nadar **tres veces a la semana**, cuando tengo tiempo. Mi marido viene **también**, pero él sólo **mira** porque **no le gusta** la natación.
James: **¿Con qué frecuencia hace ejercicio** su marido?
Susan: Bueno, él **juega** al tenis conmigo y con mi hermana **los fines de semana**. A él **también le gusta practicar karate**.
James: **¿Practica él karate**?
Susan: Sí. **Toma** clases aquí en el centro deportivo **todos los jueves**.
James: Me **gusta** el karate. Creo que vendré a las clases, **también**.
Susan: Mi marido dice que son muy buenas. A él le **gustan** mucho.
James: Bien, me voy a casa ahora. Un placer hablar con usted, Susan.
Susan: Con usted también, James. ¡Adiós!

Let's speak English

a Partes del día

Para expresar las distintas partes del día se usan estas expresiones:

in the morning *por la mañana*	I usually get up at seven **in the morning.** *Normalmente me levanto a las siete de la mañana.*
in the afternoon *por la tarde*	They work **in the afternoon.** *Ellos trabajan por la tarde.*
in the evening *por la noche (equivale a la tarde-noche)*	She comes back home **in the evening.** *Ella vuelve a casa por la tarde-noche.*
at night / *por la noche*	People sleep **at night.** *La gente duerme por la noche.*

b Preguntar la frecuencia con que se realizan acciones

Para preguntar por la frecuencia con que tienen lugar las acciones, utilizamos «how often?» (¿con qué frecuencia?).

How often do you go to the theater? I **rarely** go to the theater.
¿Con qué frecuencia vas al teatro? Voy poco (pocas veces) al teatro.

How often does he play chess? He **never** plays chess.
¿Con qué frecuencia juega él al ajedrez? Él nunca juega al ajedrez.

How often does it rain here? It **usually** rains here.
¿Con qué frecuencia llueve aquí? Normalmente llueve aquí.

Let's speak English

Una forma de responder a estas preguntas es con los adverbios de frecuencia, que estudiamos en la unidad anterior, pero otra forma es indicando la cantidad de veces que tiene lugar la acción. Así:

once	*una vez*
twice	*dos veces*

A partir de «tres veces», se usa el numeral y la palabra «times» (veces):

three times	*tres veces*
seven times	*siete veces*

Pero para indicar la cantidad de veces que se realiza la acción en un período de tiempo, se utiliza el artículo «a» y dicho período de tiempo:

once **a** month
una vez al mes

twice **a** year
dos veces al año

four times **a** week
cuatro veces a la semana

How often do you visit your grandparents? I visit them **three times a month.**
¿Con qué frecuencia visitas a tus abuelos? Los visito tres veces al mes.

How often does she go to the gym? She goes to the gym **twice a week.**
¿Con qué frecuencia va ella al gimnasio? Ella va al gimnasio dos veces a la semana.

In God We Trust

"En Dios confiamos" es uno de los lemas nacionales de los Estados Unidos. Fue elegido por el Congreso en el año 1956. Apareció por primera vez en la moneda de dos centavos de 1864, pero desde 1957 esta frase puede verse en todas las monedas y billetes de uso corriente. También se puede ver este lema en la bandera de los estados de Florida y Georgia.

C Actividades físicas y deporte

Para expresar actividades físicas y deportes usamos diferentes verbos, dependiendo de la actividad. De esta manera:

Si se practica con pelota, se usa el verbo ***«to play»****:*

play	soccer	*jugar al*	*fútbol*
	basketball		*baloncesto*
	baseball		*béisbol*
	tennis		*tenis*

He **plays** basketball on weekends.
Él juega al baloncesto los fines de semana.

Si no se practica con pelota, se usa el verbo ***«to go»*** *y la actividad en gerundio:*

go	swimming	*(ir a) nadar*
	skating	*(ir a) patinar*
	horse-riding	*(ir a) montar a caballo*
	cycling	*(ir a) montar en bicicleta*

My sister **goes** swimming once a week.
Mi hermana va a nadar una vez a la semana.

Para otras actividades se utiliza ***«to do»****:*

do	yoga	*hacer yoga*
	pilates	*hacer pilates*
	exercise	*hacer ejercicio*
	judo, karate, etc.	*practicar judo, karate, etc.*

I usually **do** exercise in the morning.
Normalmente hago ejercicio por la mañana.

Gramática fácil

a La tercera persona del singular del presente simple

Como ya vimos en la unidad anterior, la 3ª persona del singular (he, she, it) del presente simple, en frases afirmativas, se forma añadiendo una «-s» al infinitivo del verbo. Ésta es la regla general, pero hay algunas excepciones:

Si el infinitivo acaba en ***-s, -sh, -ch, -x, -o, -z,*** *se añade* ***«-es».***

To pass *(aprobar)*:
He always **passes** his exams.
Él siempre aprueba sus exámenes.

To wash *(lavar)*:
She **washes** her hands before eating.
Ella se lava las manos antes de comer.

To watch TV *(ver la TV)*:
He **watches** TV every evening.
Él ve la TV todas las noches.

To do *(hacer)*:
She never **does** her homework.
Ella nunca hace sus deberes.

To go *(ir)*:
My father **goes** to work by car.
Mi padre va a trabajar en auto.

Si el infinitivo acaba en «-y» precedida de vocal, se añade ***«-s»****, pero si va precedida de una consonante, la «y» se transforma en «i» y se añade* ***«-es».***

To play *(jugar, tocar un instrumento)*:
He **plays** tennis.
Él juega al tenis.

To cry *(llorar)*:
The baby **cries** a lot.
El bebé llora mucho.

Pledge of Allegiance

El «juramento de lealtad» se suele recitar como ritual cotidiano en acontecimientos públicos y, especialmente, en los colegios. El texto dice: «Yo juro lealtad a la Bandera de los Estados Unidos de América y a la República que representa, una nación bajo Dios, indivisible, con libertad y justicia para todos.»

I love NY

Nueva York es la ciudad más poblada de los Estados Unidos y la segunda del continente. Sus cinco boroughs (distritos), son famosos por muchas obras de literatura, cine y televisión: El Bronx, Brooklyn, Manhattan, Queens y Staten Island. Es una ciudad muy cosmopolita, donde casi el 40% de su población es inmigrante y se hablan unos 170 idiomas.

Gramática fácil

b Expresar agrado y desagrado

Para expresar que algo o una acción nos agrada o desagrada, utilizamos los siguientes verbos:

love	like	enjoy	hate
(encantar)	*(gustar)*	*(disfrutar [de])*	*(odiar)*

Estos verbos pueden ir seguidos:

De un nombre o un pronombre:

I **love** old cars. *Me encantan los autos antiguos.*	I **love** them. *Me encantan (ellos).*
She **likes** coffee. *A ella le gusta el café.*	She **likes** it. *A ella le gusta.*
We **don't like** beer. *No nos gusta la cerveza.*	We **don't like** it. *No nos gusta.*
They **enjoy** their free time. *Ellos disfrutan de su tiempo libre.*	They **enjoy** it. *Ellos lo disfrutan.*
Your mother **hates** mice. *Tu madre odia los ratones.*	Your mother **hates** them. *Tu madre los odia.*

Gramática fácil

De un verbo, es decir, de una acción. En este caso, esta acción se expresa en gerundio (infinitivo + ing), aunque en español suela expresarse en infinitivo.

Your brother **loves** swimming.
A tu hermano le encanta nadar.

I **like** getting up early.
Me gusta levantarme temprano.

He **doesn't like** skating.
A él no le gusta patinar.

Does she **enjoy** dancing at the disco?
¿Disfruta ella bailando en la discoteca?

They **hate** cooking.
Ellos odian cocinar.

Black Friday

Se llama «Viernes Negro» al día que inaugura la temporada de compras navideñas. Tiene lugar el día siguiente al Día de Acción de Gracias. Además de las ofertas especiales, las tiendas abren muy temprano (incluso de madrugada) o permanecen abiertas por 24 horas.

C «Also», «too» y «as well» (también)

Tanto «also» como «too» y «as well» significan «también». La diferencia radica en su posición en la frase.

«Also» se utiliza delante del verbo:

They have three children and they **also** have a dog.
Ellos tienen tres hijos y también tienen un perro.

I like baseball and I **also** like soccer.
Me gusta el béisbol y también me gusta el fútbol.

Social Security famous number

En 1938, los fabricantes de billeteras E.H.Ferree usaron una reproducción de una tarjeta de seguridad social para promover la venta de un nuevo modelo. Si bien se indicaba que era de muestra, ésta mostraba un número real, por lo que muchos la tomaron como válida. La oficina de Seguridad Social tuvo que intervenir y, desde entonces, el 078-05-1120 pasó a ser el primer número ficticio de seguridad social, cuyo uso es permitido en publicidad y medios de comunicación.

ACTIVA TU INGLÉS

Gramática fácil

*«**Also**» se coloca detrás del verbo si éste es «to be»:*

She is **also** working here.
Ella también está trabajando aquí.

Your parents are **also** Mexican.
Tus padres son también mejicanos.

*«**Too**» y «**as well**» se colocan al final de la oración:*

They love parties.
I love them, **too.**
A ellos les encantan las fiestas.
A mí me encantan, también.

I speak English and
French, **as well.**
Hablo inglés y también francés.

Peter enjoys singing,
and dancing, **too.**
Peter disfruta cantando
y también bailando.

We like pizza and pasta, **as well.**
Nos gusta la pizza y
también la pasta.

ACTIVA TU INGLÉS

Ejercicios

1

Rellena los espacios con la 3ª persona singular del presente de los siguientes verbos: *go, read, study, wash, buy.*

a) My father ______ his car twice a month.

b) She rarely ______ to the theater.

c) Sarah ______ English at school.

d) Peter ______ fresh milk everyday.

e) Your cousin ______ the newspaper.

2

Elige la expresión adecuada en cada caso.

a) They don't like / love / hate — dance / dancing / to dance — at the disco. They have a great time.

b) He likes / doesn't like / loves — that chair. It's very uncomfortable.

c) My mother enjoy / enjoyes / enjoys — swimming / swim / swiming

d) I like / love / don't like — plaing / to play / playing — baseball. It's boring.

3

Rellena sólo los espacios necesarios con «also», «too» o «as well».

a) He ________ is ________ a tennis player.

b) I study ________ English ________

c) They ________ go to the gym.

d) I ________ am living in Miami ________

SOLUCIONES

1.- a) washes; **b)** goes; **c)** studies; **d)** buys; **e)** reads. 2.- **a)** They love dancing; **b)** He doesn't like that chair; **c)** My mother enjoys swimming; **d)** I don't like playing baseball. 3.- **a)** He is also a tennis player; **b)** I study English too / as well; **c)** They also go to the gym; **d)** I am living in Miami too / as well.

UNIDAD 7

En esta unidad estudiaremos:

LET'S SPEAK ENGLISH:
a) Información sobre el trabajo.
b) Información sobre los hobbies o pasatiempos.
c) Expresiones útiles.

GRAMÁTICA FÁCIL:
a) Respuestas cortas.
b) Preguntas con pronombres interrogativos.

Diálogo

Chris está esperando el autobús y comienza a hablar con la señora que está sentada junto a él.

Chris:	Do you often take this bus to town?
Lisa:	**Yes, I do.** I use it every day to get to work.
Chris:	**What's your job**?
Lisa:	**I'm a** teacher. **I work for** a language school. I teach English to people from all over the world.
Chris:	**Sounds like fun! Where** do your students come from?
Lisa:	They come from China, Japan, France, Spain, Mexico...a lot of different countries.
Chris:	Are they young?
Lisa:	**No, they aren't.** They are adults.
Chris:	Do you teach any other languages?
Lisa:	**No, I don't.** I speak some French but I'm not very good. **What do you do?**
Chris:	**I work as an** actor.
Lisa:	**Sounds interesting!** Do you always go to work by bus?
Chris:	**No, I don't.** I usually drive, but my car is in the garage today.
Lisa:	And **what's your name**?
Chris:	I'm Chris, and you?
Lisa:	I'm Lisa. Pleased to meet you!
Chris:	Pleased to meet you, too. So, do you like your job?
Lisa:	**Yes, I do.** I love meeting different people from different countries.
Chris:	And do they learn English quickly?
Lisa:	**Yes, they do.** Well.... not all of them. Chris, the bus is here and I need to get to work.
Chris:	Okay. See you soon!
Lisa:	Goodbye!

ACTIVA TU INGLÉS

Diálogo

(traducción)

Laissez les bon temps rouler!

El «Mardi Gras» es el principal día de carnaval que se celebra en Nueva Orleans (Luisiana) y Mobile (Alabama), durante el mes de febrero o marzo. El evento es típico de la cultura creole y fruto de la influencia cultural de los africanos llegados de las colonias francesas. Durante esos días se realizan llamativos desfiles de carrozas y bailes de disfraces que son de gran atractivo turístico.

Chris:	*¿A menudo toma este autobús a la ciudad?*
Lisa:	***Sí,*** *lo utilizo todos los días para ir a trabajar.*
Chris:	***¿Cuál es su trabajo?***
Lisa:	***Soy*** *profesora.* ***Trabajo en*** *una escuela de idiomas. Enseño inglés a gente de todo el mundo.*
Chris:	***Suena divertido.*** *¿De* ***dónde*** *vienen sus estudiantes?*
Lisa:	*Vienen de China, Japón, Francia, España, México,...muchos países diferentes.*
Chris:	*¿Son jóvenes?*
Lisa:	***No, no lo son.*** *Son adultos.*
Chris:	*¿Enseña otros idiomas?*
Lisa:	***No.*** *Hablo algo de francés pero no soy muy buena.* ***¿A qué se dedica usted?***
Chris:	***Trabajo como*** *actor.*
Lisa:	***Parece interesante.*** *¿Siempre va al trabajo en autobús?*
Chris:	***No.*** *Normalmente conduzco mi auto, pero hoy está en el taller.*
Lisa:	*¿Y* ***cuál es su nombre****?*
Chris:	*Soy Chris. ¿Y usted?*
Lisa:	*Soy Lisa. Encantada de conocerle.*
Chris:	*Encantado de conocerle, también. Entonces, ¿le gusta su trabajo?*
Lisa:	***Sí.*** *Me encanta conocer diferentes personas de diferentes países.*
Chris:	*¿Y aprenden inglés rápido?*
Lisa:	*Sí. Bueno...no todos ellos. Chris, el autobús está aquí y yo necesito llegar al trabajo.*
Chris:	*De acuerdo. ¡Hasta pronto!*
Lisa:	*¡Adiós!*

ACTIVA TU INGLÉS

Let's speak English

a Información sobre el trabajo

En una unidad anterior ya estudiamos cómo preguntar acerca del trabajo:

What's your job?	*¿Cuál es tu trabajo?*
What do you do?	*¿A qué te dedicas? / ¿Qué haces?*
What does she do?	*¿A qué se dedica ella?*

A estas preguntas se les puede responder con:

I'm a plumber.	*Soy fontanero.*
I work as a plumber.	*Trabajo como fontanero.*
She's a translator.	*Ella es traductora.*
She works as a translator.	*Ella trabaja como traductora.*

Y se puede añadir información:

I fix drains, faucets, gas pipes, etc.
Arreglo desagües, grifos, cañerías de gas, etc.

She translates articles and books.
Ella traduce artículos y libros.

Let's speak English

Si se quiere decir para quién o para qué empresa se trabaja:

I work for «Simpson Limited».
Trabajo para «Simpson Limited».

She works for a Spanish company.
Ella trabaja para una compañía española.

b Información sobre los hobbies o pasatiempos

Para preguntar por los pasatiempos podemos usar alguna de estas estructuras:

What are your hobbies? / *¿Cuáles son tus hobbies?*

What do you do in your spare / free time?

¿Qué haces en tu tiempo libre?

A estas preguntas se les puede reponder:

My hobbies are: going to the movies, listening to music and dancing.
Mis hobbies son: ir al cine, escuchar música y bailar.

In my spare time I go swimming.
En mi tiempo libre voy a nadar.

I like playing cards with my friends.
Me gusta jugar a las cartas con mis amigos.

Boston Tea Party

La noche del 16 de diciembre de 1773 tuvo lugar en Boston el denominado «Motín del té», en el que, como acto de protesta contra un aumento de impuestos, se lanzó al mar todo el cargamento de té inglés de los barcos apostados en la bahía. Este evento revolucionario es considerado un precedente de la Guerra de Independencia de los Estados Unidos.

ACTIVA TU INGLÉS

Let's speak English

Si preguntamos por una actividad o pasatiempo en particular podemos responder de forma corta:

Do you like reading? Yes, I do.
¿Te gusta leer? Sí, me gusta.

Does she like soccer?
No, she doesn't.
¿Le gusta el fútbol a ella?
No, no le gusta.

C Expresiones útiles – Useful expressions

Para mostrar interés por algún tema o comentario se puede decir:

Sounds good! *¡Suena bien!*

Sounds interesting! *¡Suena interesante!*

Sounds like a lot of fun! *¡Suena muy divertido!*

Estas expresiones no precisan del sujeto («it»).

Carl: I work as a translator.
Carl: Soy traductor.

Mike: **Sounds interesting!**
Mike: Suena interesante.

Gramática fácil

a Respuestas cortas

Son aquellas que se suelen utilizar cuando la pregunta se responde con un «sí» o un «no». Para ello, la pregunta ha de comenzar con un auxiliar. Hasta ahora, los auxiliares que conocemos son el verbo «to be» y la partícula «do/does» [no confundir con el verbo «to do» (hacer), que no es auxiliar].

Are they Italian? *¿Son ellos italianos?*

Do you speak English? *¿Hablas inglés?*

Al responder a estas preguntas de forma afirmativa, utilizamos «Yes», el pronombre sujeto que corresponda y el auxiliar, que será afirmativo.

Are they Italian?
Yes, they are.

Do you speak English?
Yes, I do.

Does he live in New York?
Yes, he does.

En estos casos, la traducción de la respuesta corta puede ser simplemente «Sí».

En respuestas cortas, el auxiliar «to be» no se puede contraer con el sujeto.

Is he an architect?
Yes, he is. ~~(he's)~~
¿Es él arquitecto? Sí (lo es).

Are you at work?
Yes, I am. ~~(I'm)~~
¿Estás en el trabajo? Sí (lo estoy).

Rockefeller Center

Este famoso complejo comercial fue construido por la familia Rockefeller a finales de los años '20. Está ubicado entre la Quinta y la Sexta Avenida de la ciudad de Nueva York. Cuenta con 19 edificios realizados en estilo Art Decó, además de espacios comerciales y culturales. Fue declarado «Monumento Histórico Nacional» en 1988.

Mens et manus

El MIT (Massachusetts Institute of Technology) es considerado como uno de los centros docentes de ciencia e ingeniería mas prestigiosos del mundo. El MIT fue fundado en 1861 por William Barton Rogers y cuenta con numerosos premios Nobel entre sus profesores y ex-alumnos. Su lema es «mente y mano».

Gramática fácil

Al responder a las preguntas cortas de forma negativa utilizamos «No», el pronombre sujeto que corresponda y el auxiliar, que será negativo.

Is he a doctor? **No, he isn't.**
¿Él es médico? No, (no lo es).

Do they have a car?
No, they don't.
¿Tienen ellos auto?
No, (no lo tienen).

El auxiliar y la negación pueden ir contraídos o no, aunque se suelen usar de forma contraída.

Is she your mother?
No, she isn't / No, she is not.

Does your father smoke?
No, he doesn't. / No, he does not.

Como ejemplos de respuestas cortas afirmativas y negativas, tenemos:

Are you studying English? **Yes, I am.**
¿Estás estudiando inglés? Sí.

Is he from Brazil? **No, he isn't.**
¿Es él de Brasil? No.

Am I a teacher? **Yes, you are.**
¿Soy profesor? Sí (lo eres).

Are they playing tennis?
No, they aren't.
¿Están ellos jugando al tenis? No.

Do you usually watch TV? **Yes, I do.**
¿Ves normalmente la TV? Sí.

Does it rain in winter?
Yes, it does.
¿Llueve en invierno? Sí.

Do they have a pet?
No, they don't.
¿Tienen ellos mascota? No.

Does she get up early?
No, she doesn't.
¿Ella se levanta temprano? No.

Gramática fácil

b Preguntas con pronombres interrogativos

Los pronombres interrogativos ya fueron tratados en una unidad anterior, pero ahora los estudiaremos con más detalle. Como ya dijimos, estos pronombres son palabras que utilizamos al principio de las preguntas para demandar información acerca de cosas, personas, lugares, momentos, etc.

What?	*¿Qué?, ¿Cuál?*
Who?	*¿Quién?*
Where?	*¿Dónde?*
When?	*¿Cuándo?*
Why?	*¿Por qué?*
Whose?	*¿De quién?*
Which?	*¿Qué?, ¿Cuál?*
How?	*¿Cómo?*

Los pronombres interrogativos se colocan al principio de la pregunta, delante del auxiliar («to be» o «do/does»).

What do you do?	*¿Qué haces?, ¿A qué te dedicas?*
Who is your boss?	*¿Quién es tu jefe?*
Where do you live?	*¿Dónde vives?*
When is your birthday?	*¿Cuándo es tu cumpleaños?*
Why are you studying English?	*¿Por qué estás estudiando inglés?*
Whose are those books?	*¿De quién son esos libros?*
Which is your coat?	*¿Cuál es tu abrigo?*
How do you go to work?	*¿Cómo vas al trabajo?*

The Golden Gate Bridge

El «Golden Gate» es uno de los puentes más famosos de EEUU. Está ubicado California, entre la península de San Francisco y el sur de Marin. La construcción de este puente colgante se inició el 5 de enero de 1933, durante el gobierno del presidente Franklin D. Roosevelt. El ingeniero jefe del proyecto fue Joseph Strauss. Esta magnífica obra de ingeniería fue inaugurada el 27 de mayo de 1937.

ACTIVA TU INGLÉS

Gramática fácil

Los pronombres interrogativos también van delante de «to be» en preguntas con el presente continuo:

What are you doing?
¿Qué estás haciendo?

Where is he going?
¿Dónde va él?

«What», «who» y «where» pueden formar contracciones con «is»:

What is = What's
What's your name?
¿Cuál es tu nombre?

Who is = Who's
Who's that woman?
¿Quién es esa mujer?

Where is = Where's
Where's the car?
¿Dónde está el auto?

Estas preguntas no se pueden responder con un «sí» o un «no», por lo que no se pueden usar las respuestas cortas, sino que se necesitan respuestas más elaboradas.

Where do you live?
I live in Puerto Rico.
¿Dónde vives?
Vivo en Puerto Rico.

What are you doing?
I'm studying.
¿Qué estás haciendo?
Estoy estudiando.

How are you?
I'm fine, thanks.
¿Cómo estás?
Estoy bien, gracias.

ACTIVA TU INGLÉS

Ejercicios

1

Completa con respuestas cortas:

a) Is she a doctor? Yes, __________

b) Do you speak English? Yes, __________

c) Are you Dominican? No, __________

d) Does he work at home? No, __________

e) Am I a teacher? Yes, __________

2

Rellenar los espacios con pronombres interrogativos.

a) _____ is your English lesson? It's in the evening.

b) _____ is my car? It's there.

c) _____ book do you prefer? I prefer the history book.

d) _____ is your mother? She's fine, thanks.

e) _____ is that girl? She's my sister.

f) _____ are they doing? They're playing tennis.

3

Unir preguntas y respuestas

a) Does she like doing aerobics?	1) Yes, I am.
b) Where are they from?	2) They're from Germany.
c) What's he reading?	3) They're Jimmy and Gordon.
d) Are you from Florida?	4) Yes, she does.
e) Who are they?	5) A novel.

SOLUCIONES

1.- **a)** Yes, she is; **b)** Yes, I do / Yes, we do; **c)** No, I'm not / No, we aren't; **d)** No, he doesn't; **e)** Yes, you are. 2.- **a)** When; **b)** Where; **c)** Which/ What; **d)** How; **e)** Who; **f)** What. 3.- **a)** 4; **b)** 2; **c)** 5; **d)** 1; **e)** 3.

UNIDAD 8

En esta unidad estudiaremos:

LET'S SPEAK ENGLISH:
a) Preguntar significados.
b) Expresar habilidades.
c) Vocabulario: Profesiones.

GRAMÁTICA FÁCIL:
a) Expresar habilidad.
b) Expresar obligación.
c) Adjetivos.

Diálogo

Joseph ha conocido a Naomi, que está interesada en conocer muchas cosas sobre él.

Naomi: What is your job, Joseph?
Joseph: I'm a **lawyer**.
Naomi: And is your job **hard?**
Joseph: **Sorry,** it's noisy and **I don't understand. Could you repeat that, please?**
Naomi: Of course. Is your job **hard?**
Joseph: Yes, my job is sometimes hard. I **have to be** very **efficient** and **responsible** because I have a lot of work.
Naomi: **Do** you **have to** get up very early?
Joseph: Yes, I **have to** get up at 6.30am every day so I **can** catch the bus to work.
Naomi: That's very early! **Can** you drive?
Joseph: Yes, I **can**, but I don't have a car.
Naomi: **Are** you **good at** your job?
Joseph: Yes, I think so. **I'm good at** it because I'm very **hardworking.**
Naomi: **Do** you **have to** speak Spanish in your job?
Joseph: **No, I don't**. In fact, I don't speak Spanish.
Naomi: But you **can** have more «clientes» if you **can** speak Spanish.
Joseph: **What does** «clientes» **mean**?
Naomi: **It means** «clients».
Joseph: Yes, **I can** have more clients but I'm **not very good at** languages.
Naomi: You **don't have to** be brilliant at languages. You just need to study!
Joseph: That's my problem. I don't have time.
Naomi: Ok. I know it's **difficult** for you.
Joseph: Well, I **have to** go now. Next time you'll tell me about you.
Naomi: Ok. Bye-bye!
Joseph: Bye!

ACTIVA TU INGLÉS

Diálogo

(traducción)

Supreme Court

La Corte Suprema de EEUU es el máximo órgano judicial del país. Se compone de un juez presidente y ocho jueces asociados, que son nombrados de modo vitalicio por el Presidente de EEUU y confirmados con el "consejo y consentimiento" del Senado. Se suele referir a esta institución como SCOTUS (Supreme Court of the United States) o USSC (United States Supreme Court).

Naomi: *¿Cuál es su trabajo, Joseph?*
Joseph: Soy **abogado**.
Naomi: *¿Y es **duro** su trabajo?*
Joseph: Perdone, hay ruido y **no comprendo**. **¿Podría repetir, por favor?**
Naomi: *Por supuesto. ¿Es **duro** su trabajo?*
Joseph: Sí, mi trabajo es duro a veces. **Tengo que** ser muy **eficaz** y **responsable** porque tengo mucho trabajo.
Naomi: *¿**Tiene que** levantarse temprano?*
Joseph: Sí, **tengo que** levantarme a las 6:30 todos los días y así **puedo** tomar el autobús para el trabajo.
Naomi: *¡Es muy temprano! ¿**Sabe** manejar?*
Joseph: Sí, **sé**, pero no tengo auto.
Naomi: *¿**Es bueno en** su trabajo?*
Joseph: Sí, creo que sí. **Soy bueno** porque soy muy **trabajador**.
Naomi: *¿**Tiene que** hablar español?*
Joseph: **No**. De hecho, no hablo español.
Naomi: *Pero **puede** tener más «clientes» si **sabe** hablar español.*
Joseph: **¿Qué significa** «clientes»?
Naomi: ***Significa** «clients».*
Joseph: Sí, **puedo** tener más clientes, pero **no se me dan bien** los idiomas.
Naomi: ***No es necesario que** sea brillante con los idiomas. Sólo necesita estudiar.*
Joseph: Ése es mi problema. No tengo tiempo.
Naomi: *Ya. Sé que es **difícil** para usted.*
Joseph: Bueno, **tengo que** irme ahora. La próxima vez me hablará de usted.
Naomi: *De acuerdo. ¡Adiós!*
Joseph: ¡Adiós!

ACTIVA TU INGLÉS

Let's speak English

a Preguntar significados

1

Para preguntar por el significado de alguna palabra o expresión podemos usar distintas fórmulas:

[To mean: significar]

What does «grammar» **mean?**
¿Qué significa «grammar»?

What is the meaning of «grammar»?
¿Cuál es el significado de «grammar»?

Para responder:

It means... / *Significa...*

«Grammar» **means...**
«Grammar» significa...

2

Si lo que queremos es que nos repitan algo que no hemos entendido:

[To understand: entender, comprender]
[To repeat: repetir]

Sorry, **I don't understand.**
Disculpe, no entiendo.

Can you repeat, please?
¿Puedes repetir, por favor?

Can you speak more slowly, please?
¿Puedes hablar más despacio, por favor?

Estas últimas preguntas podrían ser más formales si sustituimos «can» por «could»:

Could you repeat, please?
¿Podría usted repetir, por favor?

Could you speak more slowly, please?
¿Podría hablar más despacio, por favor?

Let's speak English

b Expresar habilidades

En la sección de «Gramática fácil» estudiaremos también este tema, pero ahora veremos algunas expresiones que denotan habilidad.

To be	**(very) good at**	*ser bueno, dársele bien hacer algo*
	(very) bad at	*ser malo, dársele mal hacer algo*

I am very good at tennis.
Se me da bien el tenis.

She isn't good at mathematics.
Ella no es buena en matemáticas.

They're bad at French.
Se les da mal el francés. (Son malos en francés).

Lady Lindy

Amelia Mary Earhart (1897-1937) fue una piloto pionera estadounidense, célebre por sus récords de vuelo y viajes transatlánticos. Su fama y compromiso con la aviación ayudaron a difundir este medio de transporte y a promover la participación de las mujeres en la aeronáutica.

Si en lugar de sustantivos usamos acciones (verbos) tras dichas expresiones, éstas han de expresarse en gerundio:

I'm bad at cooking.
Soy malo cocinando.
No se me da bien cocinar.

He's very good at swimming.
Él es muy bueno nadando.

We aren't good at singing.
No se nos da bien cantar.

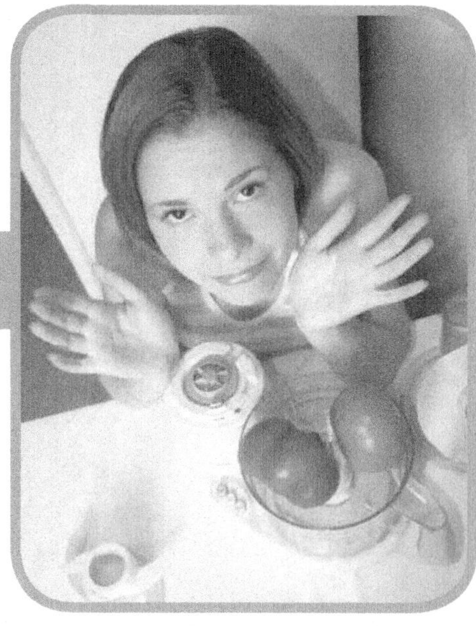

Mammoth Cave

El Parque Nacional de Mammoth Cave está ubicado en el centro del estado de Kentucky y posee la mayor red de cavernas y galerías naturales subterráneas del mundo. El espectacular laberinto formado entre la piedra caliza desde épocas prehistóricas cuenta con corrientes de agua y más de 591 kilómetros de pasadizos. El parque es «Patrimonio de la Humanidad» desde 1981 y «Reserva de la Biosfera» desde 1990.

ACTIVA TU INGLÉS

Let's speak English

C Vocabulario: *Profesiones - Jobs*

lawyer: *abogado/a*
architect: *arquitecto/a*
fireman: *bombero*
taxi driver: *taxista*
butcher: *carnicero/a*
baker: *panadero/a*
postman: *cartero*
scientist: *científico/a*
cook: *cocinero/a*
shop assistant: *dependiente/a*
electrician: *electricista*
bank clerk: *empleado/a de banco*
plumber: *fontanero/a*
engineer: *ingeniero/a*
gardener: *jardinero/a*
vet: *veterinario/a*
translator: *traductor/a*
secretary: *secretario/a*

teacher: *profesor/a*
policeman: *policía*
painter: *pintor/a*
pilot: *piloto*
journalist: *periodista*
mechanic: *mecánico*
student: *estudiante*
manager: *gerente*
accountant: *contador/a*
hairdresser: *peluquero/a*

Recordemos que cuando el sujeto es singular hemos de utilizar «a» delante de la profesión.

She is **a** nurse. *Ella es enfermera.*	They are nurses. *Ellas son enfermeras.*

ACTIVA TU INGLÉS

Gramática fácil

a Expresar habilidad

En esta misma unidad ya hemos tratado algunas fórmulas para expresar habilidad, pero la manera más común de hacerlo es por medio del verbo «can» (poder, saber).

«Can» es un verbo modal, auxiliar, con unas características peculiares. En primer lugar, no admite la partícula «to» ni delante ni detrás de él, por lo que precede a un infinitivo sin dicha partícula.

I **can** swim.
Sé nadar.

I **can** drive a bus.
Sé (puedo) conducir un autobús.

He **can** teach Portuguese.
Él sabe (puede) enseñar portugués.

We **can** run very fast.
Podemos correr muy rápido.

You **can** solve this problem.
Tú sabes (puedes) resolver este problema.

They **can** understand.
Ellos pueden comprender.

*Otra peculiaridad es que tiene la misma forma para todas las personas. No admite «s» en 3ª persona del singular (he, she, it). Así, en **frases afirmativas**:*

I	**can**	*yo sé, puedo*
you	**can**	*tú sabes, puedes* *usted sabe, puede*
he	**can**	*él sabe, puede*
she	**can**	*ella sabe, puede*
it	**can**	*sabe, puede*
we	**can**	*nosotros/as sabemos, podemos*
you	**can**	*ustedes saben, pueden*
they	**can**	*ellos/as saben, pueden*

Super Bowl

El «Super Bowl» es el partido final de la «National Football League», principal campeonato profesional de fútbol americano en EEUU. El juego se disputa el primer domingo de febrero. Además de su importancia deportiva, el Super Bowl es una de las transmisiones de TV más vistas en todo el país.

Mr. Postman

El código ZIP es el sistema de códigos postales que utiliza el Servicio Postal de los EEUU (USPS). Las letras ZIP provienen de Zone Improvement Plan (Plan de Mejora de Zonas), con lo que se indica que el servicio es más eficiente cuando se utiliza el código. El formato básico consta de cinco dígitos; por ejemplo, 33145 pertenece a Miami, Florida.

Gramática fácil

*En frases negativas añadimos «not» detrás de «can». La negación admite tres formas: **can not, cannot** y **can't**. De ellas, la más usual es la forma contraída.*

I **can't** speak Italian.
No sé hablar italiano.

He **can not** type.
Él no sabe escribir a máquina.

We **cannot** play the piano.
No sabemos tocar el piano.

You **can't** dance salsa.
Ustedes no saben bailar salsa.

They **can't** use that machine.
Ellos no saben usar esa máquina.

En frases interrogativas, al tratarse de un verbo auxiliar, «can» invierte el orden con el sujeto:

He **can** play baseball.

Can he play baseball?

Can you skate? / *¿Sabes patinar?*

Can they sing opera?
¿Saben ellos cantar ópera?

What **can** you do?
¿Qué sabes hacer?,
¿Qué puedes hacer?

What languages **can** you speak?
¿Qué idiomas sabe usted hablar?

Can she use a computer?
¿Sabe ella usar una computadora?

Para responder de forma corta usaremos «Yes» o «No», el sujeto y «can» o «can't».

Can you play chess? **Yes, I can.**
¿Sabes jugar al ajedrez? Sí, (sé).

Can he teach German? **No, he can't.**
¿Sabe él enseñar alemán? No, (no sabe).

Can we build a house? **No, we can't.**
¿Sabemos construir una casa? No, (no sabemos).

Can they make an omelette? **Yes, they can.**
¿Saben ellos hacer una tortilla? Sí, (saben).

Atención

Además del que acabamos de estudiar, el verbo «can» tiene otros usos en inglés, que se irán detallando más adelante.

Gramática fácil

Expresar obligación

Una de las maneras de expresar obligación en inglés es por medio del verbo «have to» (tener que).

I **have to** do my homework. / *Tengo que hacer mis deberes.*

«Have to» va siempre seguido de un infinitivo.

La forma afirmativa en presente es:

I	**have to**	*yo tengo que*
you	**have to**	*tú tienes que* *usted tiene que*
he	**has to**	*él tiene que*
she	**has to**	*ella tiene que*
it	**has to**	*tiene que*
we	**have to**	*nosotros/as tenemos que*
you	**have to**	*ustedes tienen que*
they	**have to**	*ellos/as tienen que*

En estos casos, «have to» no se puede contraer con el sujeto.

You **have to** buy a cell phone.
Tienes que comprar un celular.

She **has to** study hard.
Ella tiene que estudiar duro.

We **have to** visit the museum.
Tenemos que visitar el museo.

They **have to** get up early.
Ellos tienen que levantarse temprano.

He **has to** see this.
Él tiene que ver esto.

La forma negativa es «don't / doesn't have to».

Esta forma implica falta de obligación, es decir, que no es necesario hacer algo.

I **don't have to** get up early on Sundays.
No tengo que madrugar los domingos.

You **don't have to** go.
No tienes que ir (no es necesario que vayas).

She **doesn't have to** take that bus.
Ella no tiene por qué tomar ese autobús.

We **don't have to** buy a new car.
No tenemos que comprar un auto nuevo.

They **don't have to** clean.
Ellos no tienen que limpiar (no es necesario que limpien).

*Para realizar **preguntas** se usa «do/ does» delante del sujeto y «have to»:*

Do you **have to** send an email?
¿Tienes que mandar un correo electrónico?

Does she **have to** help you?
¿Tiene ella que ayudarte?

Do I **have to** stay here?
¿Tengo que quedarme aquí?

What **do** we **have to** do?
¿Qué tenemos que hacer?

Where **does** he **have to** go?
¿Dónde tiene que ir él?

Para responder de forma corta:

Do you have to work overtime? *¿Tienes que trabajar horas extras?* **Yes, I do** / *Sí* **No, I don't** / *No*	Does he have to call the police? *¿Tiene él que llamar a la policía?* **Yes, he does** / *Sí* **No, he doesn't** / *No*

C Adjetivos

Vamos a estudiar algunos adjetivos acerca del trabajo, pero antes vamos a tratar dos palabras que pueden llevar a confusión: «work» y «job».

«Work» significa «trabajo» y es un término con significado general. También se usa como verbo (to work: trabajar*).*

«Job» también significa «trabajo», pero como «empleo» o «puesto de trabajo». No se puede usar como verbo.

Entre los adjetivos que pueden describir un trabajo están:

interesting	*interesante*	**boring**	*aburrido*	**difficult**	*difícil*
easy	*fácil*	**tiring**	*cansado*	**relaxing**	*relajado*
hard	*duro*	**risky**	*arriesgado*	**safe**	*seguro*
dangerous	*peligroso*	**amusing**	*entretenido*	**demanding**	*absorbente*

Estos adjetivos pueden ir delante del sustantivo:

I have an **amusing** job.
Tengo un trabajo entretenido.

He has a **boring** job.
Él tiene un trabajo aburrido.

O después del verbo «to be»:

My job is **relaxing**.
Mi trabajo es relajado.

Her job is **interesting**.
Su trabajo (de ella) es interesante.

Con respecto al trabajo, las personas pueden ser:

hardworking / *trabajador/a*
reliable / *fiable*
responsible / *responsable*
efficient / *eficiente*
creative / *creativo/a*
lazy / *holgazán/a*

They are **efficient** workers.
Son trabajadores eficientes.

He is **hardworking** and **reliable**.
Es trabajador y fiable.

Todos los adjetivos que hemos tratado pueden ir precedidos por un intensificador, como «very».

I have a **very dangerous** job.
Tengo un trabajo muy peligroso.

She is **very creative** at work.
Ella es muy creativa en el trabajo.

ACTIVA TU INGLÉS

Ejercicios

1

Responde a esta pregunta: ***What do «butchers» do?***

a) They sell vegetables

b) They sell fish

c) They sell meat

d) They sell cars

2

Pon las palabras en el orden correcto para formar frases.

a) can Chinese I speak.

b) her do homework to she has.

c) buy they can't computer that

d) come he to does have?

e) we can what do?

3

Corrige los errores en las siguientes oraciones.

a) It's a job very interesting.

b) Can he plays the violin?

c) They has to study grammar.

d) Does he has to come with us?

e) Her bother have to bring his books.

SOLUCIONES

1.- c) They sell meat. **2.- a)** I can speak Chinese; **b)** She has to do her homework; **c)** They can't buy that computer; **d)** Does he have to come?; **e)** What can we do? **3.- a)** It's a very interesting job; **b)** Can he play the violin?; **c)** They have to study grammar; **d)** Does he have to come with us?; **e)** Her brother has to bring his books.

UNIDAD 9

En esta unidad estudiaremos:

LET'S SPEAK ENGLISH:
a) El alfabeto. b) El lenguaje telefónico.
c) Números telefónicos. d) Los días de la semana.
e) Tratamientos formales.

GRAMÁTICA FÁCIL:
a) Peticiones (can-could). b) Peticiones formales (would like to). c) Deletreo. d) Los verbos «to take» y «to leave».

Diálogo

Hannah está llamando a NB Telephones, tras leer un anuncio con una oferta de trabajo. Quiere concertar una cita. Primero habla con la secretaria, Margaret, y luego con el gerente, Stuart Smith.

Margaret: Good afternoon, NB Telephones. Margaret speaking. How can I help you?
Hannah: Good afternoon. **Could I speak to Mr.** Stuart Smith, please?
Margaret: One moment, please. **Who's calling**?
Hannah: **This is** Hannah Fairweather, **I'm calling about** the job advertised in the newspaper.
Margaret: **Hold on, please. I'll put you through to him.**
Hannah: Thank you.
Stuart: Good morning. Stuart Smith. **Who's calling** please?
Hannah: Hello, **this is** Hannah Fairweather. **I'm calling about** the accountant job advertised in the newspaper.
Stuart: Ok, Hannah. I'll just take some details from you and we'll arrange an interview. **Could you spell** your surname for me, please?
Hannah: Yes, it's F-A-I-R-W-E-A-T-H-E-R.
Stuart: And your phone number, please?
Hannah: It's 07963 157862.
Stuart: **Can you** repeat the last three digits, please?
Hannah: Eight - six - two.
Stuart: Thank you. So, the work schedule is from 9am to 5pm, from **Monday** to **Friday**. Could you come for an interview at 10 on **Wednesday** morning?
Hannah: I'm very sorry, but it's impossible on Wednesday. I've got a doctor's appointment. But I'm free on **Tuesday** morning.
Stuart: That's fine. I'll see you at 10am on **Tuesday**, then. Our office is at 15, Key Road, near the sports centre.
Hannah: **Could you** repeat that, please?
Stuart: 15, Key Road. See you on **Tuesday** and thank you for calling.
Hannah: Thank you **Mr Smith**. Goodbye.

ACTIVA TU INGLÉS

Diálogo

(traducción)

Margaret: *¡Buenas tardes! NB Telephones. Le habla Margaret. ¿En qué puedo ayudarle?*

Hannah: *¡Buenas tardes! **¿Podría hablar con el señor** Stuart Smith, por favor?*

Margaret: *Un momento, por favor. **¿De parte de quién?***

Hannah: ***Soy** Hannah Fairweather. **Llamo por** el trabajo que se anuncia en el periódico.*

Margaret: ***Espere, por favor. Le paso con él.***

Hannah: *Gracias.*

Stuart: *Buenos días. Stuart Smith. **¿Quién habla?***

Hannah: *Hola. **Soy** Hannah Fairwether. **Llamo por** el trabajo de contadora que se anuncia en el periódico.*

Stuart: *De acuerdo, Hannah. Tomaré unos detalles suyos y concertaremos una entrevista. ¿Me **podría deletrear** su apellido, por favor?*

Hannah: *Sí, es F-A-I-R-W-E-A-T-H-E-R.*

Stuart: *¿Y su número de teléfono, por favor?*

Hannah: *Es el 07963157862.*

Stuart: *¿**Puede** repetir los tres últimos dígitos?*

Hannah: *ocho – seis – dos.*

Stuart: *Gracias. El horario de trabajo es de 9am a 5pm, de **lunes** a **viernes**. ¿Podría venir para una entrevista el **miércoles** a las 10 de la mañana?*

Hannah: *Lo siento pero es imposible el miércoles. Tengo cita con el médico. Pero estoy libre el **martes** por la mañana.*

Stuart: *Está bien. Entonces la veré el **martes** a las 10am. Nuestra oficina está en Key Road, número 15, cerca del centro deportivo.*

Hannah: *¿**Podría** repetir, por favor?*

Stuart: *Key Road, número 15. Hasta el **martes** y gracias por llamar.*

Hannah: *Gracias, **Sr. Smith**. Adiós.*

Let's speak English

a El alfabeto - The alphabet

Es importante aprender las distintas letras del alfabeto, ya que así podremos deletrear o pedir que deletreen palabras.

A	B	C	D	E	F	G	H	I
(ei)	*(bi)*	*(si)*	*(di)*	*(i)*	*(ef)*	*(**sh**i)* *	*(éich)*	*(ai)*
J	**K**	**L**	**M**	**N**	**O**	**P**	**Q**	**R**
*(**sh**éi)* *	*(kéi)*	*(el)*	*(em)*	*(en)*	*(ou)*	*(pi)*	*(kiú)*	*(ar)*
S	**T**	**U**	**V**	**W**	**X**	**Y**	**Z**	
(es)	*(ti)*	*(iu)*	*(vi)*	*(dábliu)*	*(eks)*	*(wái)*	*(zi)*	

** La pronunciación /**sh**/ de estas letras es la equivalente a la pronunciación de la «ll» en Argentina o Uruguay.*

Para pedir que alguien deletree una palabra se usan las siguientes expresiones:

[to spell: deletrear]

Can you spell .....? (informal)
¿Puedes deletrear........?

Could you spell...? (formal)
¿Podría usted deletrear...?

How do you spell...?
¿Cómo se deletrea...?

Can you spell the word «house»?
¿Puedes deletrear la palabra «house»?

Could you spell your name, please?
¿Podría deletrear su nombre, por favor?

How do you spell «house»?
¿Cómo deletreas «house»?, ¿Cómo se deletrea «house»?

Let's speak English

La respuesta se dará letra a letra, excepto cuando encontremos dos letras iguales seguidas. En ese caso cabe la posibilidad de decirlas letra a letra, o bien usando **«double + letra»**:

Can you spell the word «book»?
Yes. B-**O-O**-K (bi-**dábel ou**-kei).

¿Puedes deletrear la palabra «book»?
Sí. B-O-O-K.

b Lenguaje telefónico - Phone language

Cuando hablamos por teléfono solemos utilizar un vocabulario y unas expresiones particulares. Así:

Para pedir hablar con alguien:

Can I speak to Margaret?
¿Puedo hablar con Margaret?

Could I speak to Margaret Clark, please?
¿Podría hablar con Margaret Clark, por favor?

I'd like to speak to Margaret, please.
Quisiera (me gustaría) hablar con Margaret, por favor.

Para preguntar quién llama:

Who's calling?
¿Quién llama?
¿De parte de quién?

*Para identificarse uno mismo no se utiliza «I am...», sino **«This is...»**:*

- Who's calling?
¿Quién llama?

- **This is** Carlos Pérez.
Soy (habla) Carlos Pérez.

Phone Directory

La primera guía telefónica constaba de una sola página y cubría 50 usuarios de teléfono. Fue publicada el 21 de febrero de 1878 en New Heaven, Connecticut. La compañía de Reuben H. Donnelly afirma que publicó el primer directorio comercial (o páginas amarillas) para la ciudad de Chicago, Illinois, en 1886.

Ring a Bell

Durante mucho tiempo Alexander Graham Bell fue considerado el inventor del teléfono, cuando en realidad fue el primero en patentarlo (1876). En 2002 el Congreso de Estados Unidos reconoció como inventor del teléfono a Antonio Meucci. Por dificultades económicas, Meucci no pudo formalizar la patente en 1871 y sólo presento una breve descripción de su invento al que llamó «teletrófono».

Let's speak English

Cuando solicitamos que nos transfieran la llamada a otra persona:

Could you put me through to John Gates, please?
¿Podría pasarme con John Gates, por favor?

Cuando nos transfieren la llamada a otra persona nos dirán:

Just a moment.
I'll put you through (to him).
Un momento. Le paso (con él).

Just a minute.
I'll transfer your call.
Un momento. Le paso su llamada.

Cuando pedimos hablar con alguien que ha atendido el teléfono, se identifica diciendo: «Speaking» (soy yo, al habla).

- I'd like to speak to Mr. Evans, please.
- Quisiera hablar con el Sr. Evans, por favor.

- Speaking.
- Al habla (soy yo).

Para indicar el motivo de la llamada se puede usar:

I'm calling about a job interview.
Llamo por una entrevista de trabajo.

Si se dice que la otra persona espere en línea:

Hold on, please.
Espere, por favor.

Hold on a moment, please.
Espere un momento, por favor.

Could you **hold** a minute?
¿Podría esperar un momento?

Let's speak English

c Números telefónicos - Phone numbers

Para decir un número telefónico hemos de hacerlo número por número.

*El número «0» puede decirse «oh» (/ou/, como la letra «o»), o bien «zero». Cuando el número contenga dos número iguales seguidos, podemos decirlos uno a uno o bien **«double + número»**.*

What's your phone number?

It's **908 417 33 86**

(nine-**zero**-eight-four-one-seven-**three-three**-eight-six)

(nine-**oh**-eight-four-one-seven-**double three**-eight-six)

De una manera formal también nos pueden preguntar el número de teléfono con el verbo «to spell»:

Could you **spell** your phone number, please?
¿Podría darme (deletrear) su número de teléfono, por favor?

TGIF

"Thank God It's Friday" (Gracias a Dios, es viernes) es una expresión popular entre los americanos, a la espera del fin de semana. El término fue creado en los 70s por el DJ Jerry Healy, cuando trabajaba en la emisora radial WAKR de la ciudad de Akron, Ohio.

d Los días de la semana – The days of the week

Los días de la semana son:

Monday	Tuesday	Wednesday	Thursday	Friday	Saturday	Sunday
lunes	*martes*	*miércoles*	*jueves*	*viernes*	*sábado*	*domingo*

Los días de la semana siempre se escriben con letra mayúscula en inglés (no así en español).

The First Lady

La Primera Dama de los Estados Unidos es un titulo no oficial otorgado tradicionalmente a la esposa del Presidente. Cumple el rol de anfitriona de la Casa Blanca y se encarga de todas las ceremonias que allí se realizan. Cuenta con su propio equipo de trabajo y su oficina se ubica en el Ala Este.

Let's speak English

e Tratamientos formales

Hay tratamientos de cortesía que se utilizan comúnmente en el lenguaje, tanto oral como escrito. Así, encontramos:

Mr.	*(/míster/)*	se utiliza con el apellido de hombres adultos y equivale a Sr. (señor).
Mrs.	*(/míziz/)*	se utiliza con el apellido de mujeres casadas y equivale a Sra. (señora).
Miss	*(/mis/)*	se utiliza con el apellido de mujeres solteras y equivale a Srta. (señorita).
Ms	*(/miz/)*	se utiliza con el apellido de una mujer adulta, sin definir su estado civil y equivale a señora o señorita.

Mr. Brown is our boss. / *El Sr. Brown es nuestro jefe.*

Mrs. Smith has a dog and a cat. / *La Sra. Smith tiene un perro y un gato.*

Is **Miss Jones** in the office? / *¿Está la Srta. Jones en la oficina?*

*Sir o Madam (coloquialmente **ma'am**) se usan para dirigirnos a un hombre o a una mujer, respectivamente, de manera respetuosa. Son palabras especialmente usadas por los empleados de restaurantes, hoteles, etc ...*

Goodbye, **sir**!
¡Adiós, señor!

Good morning, **madam**!
¡Buenos días, señora!

*Pero cuando hablamos a alguien de un señor o de una señora no usamos los términos «sir» y «madam», sino **«lady»** (dama, señora) y **«gentleman»** (caballero, señor).*

This **lady** is our teacher.
Esa señora es nuestra profesora.

That **gentleman** is very funny.
Ese señor es muy divertido.

ACTIVA TU INGLÉS

a Peticiones - Requests

Como ya hemos visto, cuando queramos pedir o solicitar algo usamos «can» y «could».

Can I speak to Jane, please?
¿Puedo hablar con Jane, por favor?

Could you spell your name, please?
¿Podría deletrear su nombre, por favor?

«Can» se usará en una situación más informal y «could» en otra más formal.

Para responder a estas preguntas afirmativamente, podemos decir:

De una manera informal:
«Sure» *(claro)*, **«OK»**, **«Yes»**...

- Can I speak to Jimmy?
- ¿Puedo hablar con Jimmy?

- Sure. Hold on.
- Claro (seguro). Espera.

De una manera formal:
«Of course» *(por supuesto)*, **«Certainly»** *(claro)*...

- Could I speak to Mr. Jones, please?
- ¿Podría hablar con el Sr. Jones, por favor?

- Certainly. I'll put you through to him.
- Claro. Le paso con él.

Algunos ejemplos más:

- **Can** you repeat, please? / *¿Puede repetir, por favor?*
- **Sure.** / *Claro.*

- **Could** you spell your name, please? / *¿Podría deletrear su nombre, por favor?*
- **Of course.** L-U-I-S. / *Por supuesto. L-U-I-S.*

Hemos de tener en cuenta que la palabra «name» puede significar «nombre» o «apellido».

Nombre		Apellido
Name	▶	Surname
Name	▶	Last name
First name	▶	Name (Family name)

Gramática fácil

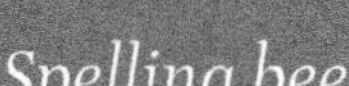

Spelling bee

«Spelling bee» es un concurso donde los niños participan deletreando palabras de la legua inglesa. Es un evento nacional de gran importancia a nivel escolar en todo EEUU, aunque hoy ya se ha extendido a Reino Unido, Australia, Nueva Zelanda, Canadá e Indonesia.

b Peticiones formales – Formal requests

Ya hemos visto alguna expresión de petición formal (could), pero también se puede solicitar algo por medio de «I would like to + infinitivo» (quisiera, me gustaría). En este caso no realizamos una pregunta, sino que se trata de una oración afirmativa. Esta expresión se suele utilizar de forma contraída: «I'd like to».

I'd like to speak to Mrs. O'Hara, please.
Quisiera (me gustaría) hablar con la Sra. O'Hara, por favor.

I'd like to have a meeting with him.
Me gustaría tener una reunión con él.

Pero puede haber más sujetos:

He'd like to see her. *A él le gustaría verla.*	**We'd like to** leave a message. *Nos gustaría dejar un mensaje.*

c Deletreo – Spelling

Cuando se deletrea una palabra hay letras que suenan de forma parecida y pueden llevar a confusión, especialmente por teléfono. Para evitarlo se usa esta fórmula:

«G» **as in** Gregory ▶ *«G» de Gregory*
«T» **as in** «Tom» ▶ *«T» de Tom*

- My surname is Lean.
- Could you spell it, please?
- Certainly. L **as in** London, E **as in** Europe, A **as in** Alabama, N **as in** Nevada.

- Mi apellido es Lean.
- ¿Podría deletrearlo, por favor?
- Por supuesto. L de Londres, E de Europa, A de Alabama, N de Nevada.

En estos casos podemos utilizar las palabras de referencia que prefiramos.

d Los verbos «to take» y «to leave»

El verbo «to take», entre otros significados, equivale a «tomar» y «to leave» es «dejar». En lenguaje telefónico los usaremos mucho cuando hablemos de mensajes. Así:

Can I **take** a message?
¿Puedo tomar un mensaje?

Can I **leave** a message for him?
¿Puedo dejar un mensaje para él?

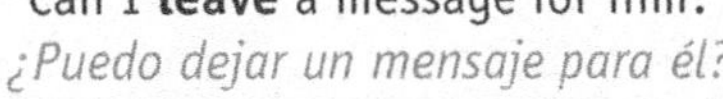

Ejercicios

1 Resuelve este crucigrama:

Horizontales:

1 – Pasado simple del verbo «to see».
2 – Día de la semana.
3 – Día de la semana.
4 – Verbo que expresa «habilidad».

Verticales:

a – Pronombre personal objeto.
b – Día de la semana.
c – Pronombre personal sujeto y objeto.

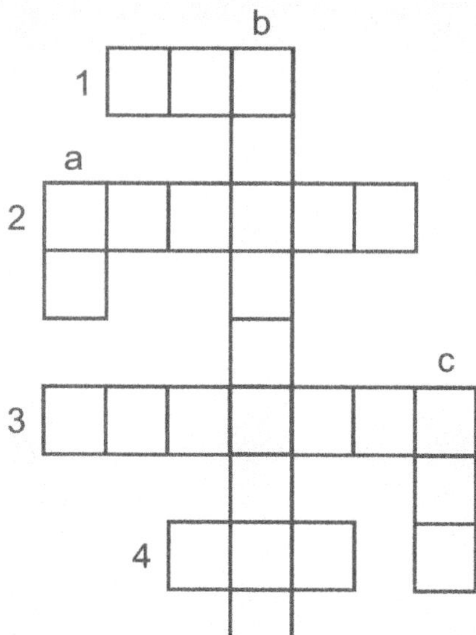

2 Corrige los errores en las frases que lo necesiten.

a) Can you help me, please?

b) Could you came here, please?

c) I'd like to visiting you.

d) He'd likes to see me.

e) I'd like to have the menu.

3 Ordena las palabras para formar frases.

a) favor could he me do a?

b) him I like to 'd to speak.

c) you please can a take message?

d) leave 'd to message a like I.

e) name please could you your spell?

SOLUCIONES

1.-

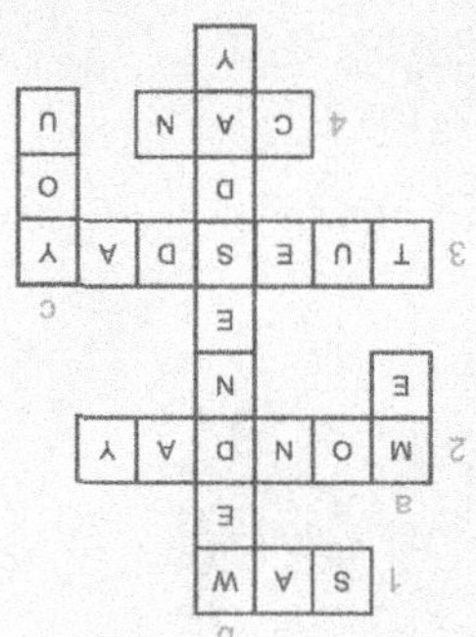

2.- **b)** Could you come here?; **c)** I'd like to visit you; **d)** He'd like to see me 3.- **a)** Could he do me a favor?; **b)** I'd like to speak to him; **c)** Can you take a message, please?; **d)** I'd like to leave a message; **e)** Could you spell your name, please?

UNIDAD 10

En esta unidad estudiaremos:

LET'S SPEAK ENGLISH:
a) Preguntar y responder acerca de la hora.
b) Los meses del año.

GRAMÁTICA FÁCIL:
a) El artículo determinado (the).
b) Ausencia de artículo.
c) Preposiciones de tiempo (in, on, at).

Diálogo

Jim y Lucy están intentando acordar una hora para ir a visitar el museo juntos.

Jim:	Hi, Lucy. How are you?
Lucy:	Hi, Jim. I'm okay, thanks. And you?
Jim:	I'm fine, thank you. Do you know? There's a good exhibition of modern art in the city. Would you like to visit **the** museum sometime this week?
Lucy:	Okay, but I'm quite busy. How about **on** Wednesday **at half past ten**?
Jim:	I can't **on** Wednesday. I have to get up **at a quarter after six** to go to a special meeting at work. **What time** do you usually get up?
Lucy:	I only work **in the afternoon**, so I usually get up **at ten**.
Jim:	That's very late! Well, we could go **on** Thursday **at eleven o'clock**.
Lucy:	Oh, I can't **on** Thursday. I'm going shopping to buy my sister a birthday present.
Jim:	How about **in the evening**?
Lucy:	The museum only opens **on** Tuesday evenings.
Jim:	Ok. Well, **on** Tuesday **at a quarter to seven**?
Lucy:	I'm sorry but it's impossible. My sister works **on** Tuesday evenings and I look after her baby.
Jim:	This is very complicated! Tell me when you're free.
Lucy:	Well, we can see the exhibition **on** Friday morning. I can get up early and meet you at the museum. How about **at ten o'clock**?
Jim:	Perfect! By the way, **what's the time**? Oh, no! **It's twenty after twelve.** I need to get back to work.
Lucy:	See you **on** Friday **at ten,** then.
Jim:	See you then!

ACTIVA TU INGLÉS

Diálogo

(traducción)

MoMA

El Museum of Modern Art está ubicado en Nueva York. Abrió sus puertas en 1929 y fue fundado por los filántropos estadounidenses Lillie P. Bliss, Mary Quinn Sullivan y Abby Aldrich Rockefeller. Es considerado uno de los santuarios del arte moderno y contemporáneo del mundo. Alberga entre otras, obras de Van Gogh, Mondrian, Picasso, Dalí, Pollock, Warhol y Hopper.

Jim: *¡Hola, Lucy! ¿Cómo estás?*

Lucy: *Hola, Jim. Estoy bien, gracias. ¿Y tú?*

Jim: *Bien, gracias. ¿Sabes? Hay una buena exposición de arte moderno en la ciudad. ¿Te gustaría visitar **el** museo en algún momento esta semana?*

Lucy: *De acuerdo, pero estoy bastante ocupada. ¿Qué tal **el** miércoles **a las diez y media**?*

Jim: *No puedo **el** miércoles. Tengo que levantarme **a las seis y cuarto** para ir a una reunión especial en el trabajo. ¿**A qué hora** te levantas tú normalmente?*

Lucy: *Sólo trabajo **por la tarde**, así que normalmente me levanto **a las diez**.*

Jim: *¡Es muy tarde! Podríamos ir **el** jueves **a las once**.*

Lucy: *¡Oh! No puedo **el** jueves. Voy a comprarle a mi hermana un regalo de cumpleaños.*

Jim: *¿Qué tal **por la noche**?*

Lucy: *El museo sólo abre las noches de **los** martes.*

Jim: *De acuerdo. Bueno, ¿**el** martes **a las siete menos cuarto**?*

Lucy: *Lo siento pero es imposible. Mi hermana trabaja los martes por la tarde y yo cuido a su bebé.*

Jim: *¡Esto es muy complicado! Dime cuándo estás libre.*

Lucy: *Bueno, podemos ver la exposición **el** viernes por la mañana. Puedo levantarme temprano y reunirme contigo en el museo. ¿Qué tal **a las diez en punto**?.*

Jim: *¡Perfecto! A propósito, **¿qué hora es?** ¡Oh, no! **Son las doce y veinte**. Necesito volver al trabajo.*

Lucy: *Entonces, ¡hasta **el** viernes **a las diez**!*

Jim: *¡Hasta entonces!*

a Preguntar y responder acerca de la hora

Para preguntar la hora decimos:

What time is it?
What's the time? — *¿Qué hora es?*

Y para responder a esta pregunta, podemos decir:

It's twenty after two *(Son las dos y veinte)*.

Como vemos en el ejemplo, primero expresamos los minutos y luego las horas. Entre los minutos y las horas usaremos «after», si el minutero está entre las 12 y las 6, o «to», si el minutero está entre las 6 y las 12, es decir, «after» corresponde a «y» y «to» corresponde a «menos».

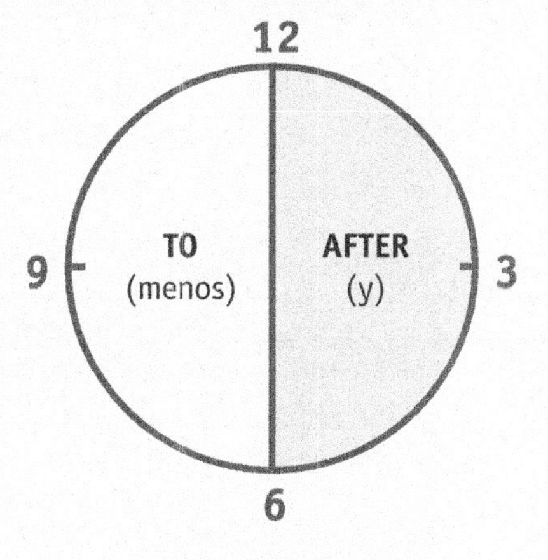

La forma completa es:
It's + minutos + after / to + hora

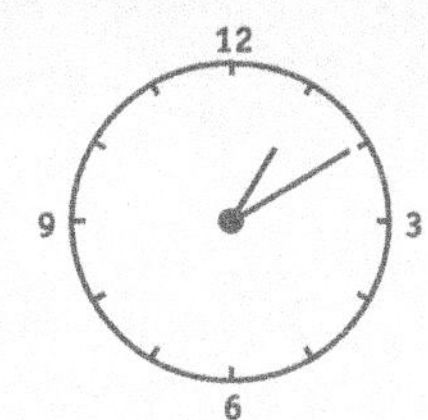

It's ten **after** one
*Es la una **y** diez.*

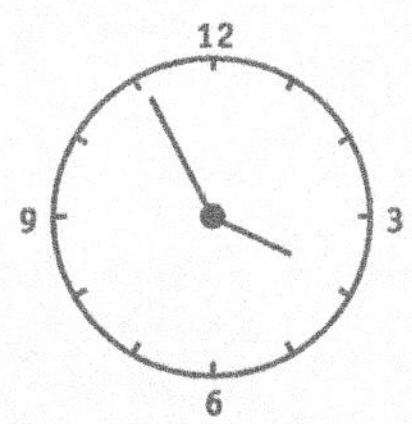

It's five **to** four
*Son las cuatro **menos** cinco.*

Let's speak English

ACTIVA TU INGLÉS

Let's speak English

Around the clock

El reloj de Dreger es una magnífica pieza de relojería y está ubicado actualmente en distrito histórico de Buena Park, California. Cuenta con 19 cuadrantes que indican la hora local y la de 12 ciudades del mundo, además de las fases de la luna, la fecha y el día se la semana. Fue construido por el alemán Andrew Dreger en 1933.

Para marcar las horas en punto:
It's + hora + o'clock

2:00
It's two **o'clock**
Son las dos en punto

9:00
It's nine **o'clock**
Son las nueve en punto

Para marcar las horas y media:
It's + half past + hora

11:30
It's **half past** eleven
Son las once y media

4:30
It's **half past** four
Son las cuatro y media

Para marcar los cuartos:
It's + a quarter + after / to + hora

8:15
It's **a quarter** after eight
Son las ocho y cuarto

2:45
It's **a quarter** to three
Son las tres menos cuarto

Al decir la hora de esta manera, usaremos «am» (/ei em/) desde las 12 de la noche hasta las 12 del mediodía y «pm» (/pi em/) desde las 12 del mediodía hasta las 12 de la noche, para evitar ambigüedades.

It's twenty-five to five **am**
Son las 5 menos 25 de la mañana

It's twenty-five to five **pm**
Son las 5 menos 25 de la tarde

En algunos países de lengua inglesa se utiliza «past» en lugar de «after»:

7:20
It's twenty **past** seven
Son las siete y veinte

Pero las horas también pueden decirse como aparecen en relojes digitales, o sea, diciendo la hora y luego los minutos, sin decir nada entre ambos.

2:15
It's two fifteen / *Son las dos quince.*

6:55
It's six fifty-five
Son las seis cincuenta y cinco.

9:30
It's nine thirty / *Son las nueve treinta.*

Cuando queramos expresar exactitud en una hora, usaremos «sharp»:

The office opens at nine o'clock **sharp.**
La oficina abre exactamente a las nueve.

ACTIVA TU INGLÉS

Más ejemplos:

10:05
It's five after ten / It's ten five
Son las diez y cinco

12:35
It's twenty-five to one
It's twelve thirty-five
Es la una menos veinticinco

3:50
It's ten to four / It's three fifty
Son las cuatro menos diez

6:30
It's half past six / It's six thirty
Son las seis y media

7:10 am
It's ten after seven /ei em/
It's seven ten /ei em/
Son las siete y diez de la mañana

8:15 pm
It's a quarter after eight /pi em/
It's eight fifteen /pi em/
Son las ocho y cuarto de la noche

4:05
It's five after four / It's four oh five
Son las cuatro y cinco

De esta manera podemos preguntar y decir la hora, así como la hora en que tiene lugar algún evento o acción. En este caso, aparece la preposición «at» (a las).

What time is it?
It's twenty-five to six.
¿Qué hora es?
Son las seis menos veinticinco

What time is the concert?
It's **at** nine o'clock.
¿A qué hora es el concierto?
Es a las nueve en punto.

What time do you get up?
I get up **at** seven thirty.
¿A qué hora te levantas?
Me levanto a las siete y media.

The lesson is **at** a quarter after four.
La clase es a las cuatro y cuarto.

Let's speak English

b Los meses del año - The months of the year

En inglés los meses del año se escriben siempre con letra mayúscula y son los siguientes:

January	*enero*	**July**	*julio*
February	*febrero*	**August**	*agosto*
March	*marzo*	**September**	*septiembre*
April	*abril*	**October**	*octubre*
May	*mayo*	**November**	*noviembre*
June	*junio*	**December**	*diciembre*

Gramática fácil

a El artículo determinado (the)

El artículo determinado «the» significa «el, la, los, las», es decir, se usa tanto para el masculino y femenino, como para el singular y plural.

the car, **the** cars
el auto, los autos

the house, **the** houses
la casa, las casas

«The» se utiliza:

Cuando el hablante y el oyente conocen aquello que se trata:

The book is interesting.
El libro es interesante (todos saben qué libro).

Al referirnos a algo mencionado anteriormente:

These are my children. **The** boy is Tom.
Éstos son mis hijos. El niño es Tom.

Al hablar de algo único:

He is **the** president.
Él es el presidente.

I can see **the** moon from here.
Puedo ver la luna desde aquí.

Con nombres de hoteles, restaurantes, museos, periódicos, teatros, etc.

I work at **the** Royal Hotel
Trabajo en el Hotel Royal

I often read **the** Miami Herald
A menudo leo el Miami Herald

Mayflower

Fue el nombre del barco que transportó en 1620 a los llamados «pilgrims» (peregrinos protestantes) desde Inglaterra hasta la costa de lo que hoy son los EEUU. La nave arribó con 102 personas, que se establecieron como los primeros colonos en Massachusetts, formando la colonia de Plymouth.

The Wright house

Frank Lloyd Wright (1867-1959) fue un arquitecto estadounidense, considerado uno de los principales maestros de la arquitectura del siglo XX. El estilo orgánico y funcional de sus diseños fue un aspecto notable de su obra. El edificio del Museo Guggenheim en NY, la casa Fallingwater y su estudio Taliesin son algunos de sus más bellos trabajos.

Gramática fácil

b Ausencia de artículo

No se utiliza artículo:

Al referirnos a un nombre de manera general:

Money is important.
El dinero es importante.

Cats are nice animals.
Los gatos son animales bonitos.

Con los días de la semana y las estaciones del año:

The classes are **on Mondays.**
Las clases son los lunes.

It usually snows **in winter**.
Normalmente nieva en (el) invierno.

Con la hora:

It's seven o'clock.
Son las siete en punto.

The match is **at 2:30.**
El partido es a las 2:30.

En algunas expresiones:

watch television:
ver la televisión

I never **watch television** at night.
Nunca veo la televisión por la noche.

have breakfast:
desayunar (tomar el desayuno)

have lunch:
almorzar (tomar el almuerzo)

have dinner:
cenar (tomar la cena)

She is **having breakfast.**
Ella está desayunando (tomando el desayuno).

Gramática fácil

Cuando el verbo «to play» significa «jugar» no se usa ***«the»*** *junto al juego o deporte, pero si significa «tocar» (música), el artículo sí aparece junto al instrumento:*

I want to **play baseball**.
Quiero jugar al béisbol.

He **plays** the **guitar** in a band.
Él toca la guitarra en una banda.

Ante una persona con título o tratamiento tampoco se usa artículo:

Mr. Jones
El Sr. Jones

President Sánchez
El presidente Sánchez

Mrs. Kelly is tall and pretty.
La Sra. Kelly es alta y bonita.

C Preposiciones de tiempo (in, on, at)

«In», «on» y «at» son preposiciones muy usadas en expresiones de tiempo.

In *se usa:*

Con meses, estaciones y años:

The exam is **in** April.
El examen es en abril.

It's hot **in** summer.
Hace calor en verano.

He was born **in** 1975.
Él nació en 1975.

Con partes del día:

in the morning
por la mañana

in the afternoon
por la tarde

in the evening
por la tarde/noche

pero: at night *por la noche*

They get up early **in** the morning.
Ellos se levantan temprano por la mañana.

Yellowstone National Park

El Parque Nacional de Yellowstone está situado al noroeste del estado de Wyoming. Fue creado en 1872 y es el parque nacional más antiguo del mundo. Es famoso por sus géiseres y fuentes calientes. La fauna del parque está compuesta por osos negros, osos pardos, coyotes, lobos, alces, ciervos, bisontes, uapities, etc. Este parque forma parte de las Reservas de la Biosfera desde 1976.

ACTIVA TU INGLÉS

Gramática fácil

On se usa:

Al referirnos a un día o a una fecha determinada:

I go to the gym **on** Wednesdays.
Voy al gimnasio los miércoles.

My birthday is **on** July, 12th.
Mi cumpleaños es el 12 de julio.

Si nos referimos a un día y a una parte de ese día, se usa «on», pero desaparece «in the» delante de la parte del día:

I usually go out **on** Saturday evenings.
Normalmente salgo los sábados por la noche.

En expresiones como «on the weekend / on weekends» (el fin de semana/los fines de semana)

I never work **on** weekends.
Nunca trabajo los fines de semana.

At se usa:

Al hablar de horas:

I start work **at** 8:00.
Empiezo a trabajar a las 8:00.

They have lunch **at** noon.
Ellos almuerzan al mediodía.

Con ciertos períodos de tiempo:

at Christmas / *en Navidad*

at Easter
en Semana Santa

I usually visit my family **at** Christmas.
Normalmente visito a mi familia en Navidad.

Ejercicios

1

Usa los artículos «a / an», «the» o deja el espacio en blanco.

a) She plays _____ guitar and her brother plays _____ basketball.

b) What _____ difficult exercise!

c) I usually go to the movies on ____ Fridays.

d) I'm staying at _____ Continental Hotel.

e) _____ planes are very fast

2

Rellena los espacios con las preposiciones «in», «on» y «at».

a) The TV program is _____ 8 o'clock _____ the evening.

b) They often go to the disco _____ Saturday evenings.

c) Do you visit your grandparents _____ weekends?

d) The exam is _____ September, 23rd.

e) I met her _____ 2007.

3

Une las horas en número y en letra.

a) 04:25
b) 02:15
c) 02:45
d) 11:30
e) 05:50
f) 06:10

1) It's two forty-five
2) It's twenty-five after four
3) It's a quarter after two
4) It's ten to six
5) It's half past eleven
6) It's six ten

4

¿Cuántos meses puedes encontrar en esta serie de letras?

AFSEMAYOFWMARHAUGUSTJULIMARCHOARYJUNETZWVERYSJANUARYSTP

SOLUCIONES

1.- **a)** the, - ; **b)** a; **c)** - ; **d)** the; **e)** - .
2.- **a)** at, in; **b)** on; **c)** on; **d)** on; **e)** in.
3.- **a)** 2; **b)** 3; **c)** 1; **d)** 5; **e)** 4; **f)** 6.
4.- May, August, March, June, January

UNIDAD 11

En esta unidad estudiaremos:

LET'S SPEAK ENGLISH:
a) Preguntar por lugares. b) Números del 60 al 999.
c) El número «0». d) Medios de transporte.

GRAMÁTICA FÁCIL:
a) El imperativo. Órdenes. b) Indicaciones de lugares.
c) Expresiones de lugar.
d) «Hay» (there is, there are).

Diálogo

Michael llega a una ciudad por primera vez. Encuentra una oficina de turismo y pregunta por algunos lugares. Natalie le atiende en la oficina.

Natalie: Good morning! How can I help you?
Michael: Good morning! **Where is** the town hall, please?
Natalie: The town hall is **at** 230, New Street, **on** the boardwalk.
Michael: **Is** it **far from here**?
Natalie: **On foot,** it's about thirty minutes. **By bus** or **by car,** it takes around ten minutes.
Michael: What number bus do I need to catch?
Natalie: The number 107. It stops just **in front of** the tourist office and stops just **across from** the town hall.
Michael: And **is there** a supermarket **near here**?
Natalie: No. The nearest supermarket is **next to** the church, **on** Smith Road.
Michael: **How can I get** there **on foot**?
Natalie: **Go along** this street up to the roundabout, then **turn right** and **walk up to** the post office. At the post office, **turn left** and **go straight ahead. Take the second right**, and the supermarket is **on the corner**.
Michael: Thank you very much.
Natalie: Can I help you with anything else?
Michael: Yes. **Are there** any good bookstores in the city?
Natalie: **Yes, there are.** One of them is **near** the supermarket, **on** Smith Road.
Michael: Thank you. And, finally, could you tell me **how to get to** the train station, please?
Natalie: The train station is **on** Dyke Road. **Take** the number 230 bus to the shopping mall, and when you get off the bus, **turn right, go straight** and you will see the train station **in front of** you.
Michael: Thank you very much for all your help. **Is there** a map of the city I can take with me?
Natalie: Yes, **there is.** One moment, please. *(She gets a map)*. Here you are.
Michael: Thank you. Goodbye.

ACTIVA TU INGLÉS

Diálogo

(traducción)

Fifth Avenue

La Quinta Avenida es una de las principales arterias del centro de Manhattan, Nueva York. Repleta de apartamentos de lujo y de mansiones históricas, es un símbolo del bienestar económico de la ciudad. Su recorrido nace en Washington Square Park y discurre en dirección norte, terminando en el río Harlem, en la calle 142.

Natalie: *¡Buenos días! ¿En qué puedo ayudarle?*

Michael: *¡Buenos días! ¿**Dónde** está el ayuntamiento, por favor?*

Natalie: *El ayuntamiento está **en** New Street, 230, **en** el paseo marítimo.*

Michael: ***¿Está lejos de aquí?***

Natalie: ***A pie**, son unos treinta minutos. **En autobús** o **auto** se tardan unos diez minutos.*

Michael: *¿Qué número de autobús necesito tomar?*

Natalie: *El número 107. Para justo **delante de** la oficina de turismo y justo **enfrente del** ayuntamiento.*

Michael: *¿Y **hay** algún supermercado **cerca de aquí**?*

Natalie: *No. El supermercado más cercano está **junto a** la iglesia, **en** Smith Road.*

Michael: ***¿Cómo puedo llegar allí a pie?***

Natalie: ***Siga** esta calle hasta a la rotonda, **doble a la derecha** y **camine hasta** la oficina de correos. En la oficina de correos, **doble a la izquierda** y **siga adelante**. Tome **la segunda a la derecha** y el supermercado **está en la esquina**.*

Michael: *Muchas gracias.*

Natalie: *¿Puedo ayudarle en algo más?*

Michael: *Sí. ¿**Hay** buenas librerías en la ciudad?*

Natalie: ***Sí, las hay**. Una de ellas está **cerca** del supermercado, **en** Smith Road.*

Michael: *Gracias. Y, por último, ¿podría decirme **cómo llegar a** la estación de trenes, por favor?*

Natalie: *La estación de trenes está **en** Dyke Road. **Tome** el autobús número 230 hasta el centro comercial, y, cuando se baje del autobús, **doble a la derecha**, **siga recto** y verá la estación **delante de** usted.*

Michael: *Muchas gracias por su ayuda. ¿**Hay** algún mapa de la ciudad que me pueda llevar?*

Natalie: ***Sí**. Un momento, por favor. (Consigue un mapa). Aquí tiene.*

Michael: *Gracias. Adiós.*

a Preguntar por lugares

Para preguntar dónde se encuentra un lugar podemos decir:

Where is the post office?
¿Dónde está la oficina de correos?

Where's the bank?
¿Dónde está el banco?

Is there a school **near** here?
¿Hay una escuela cerca de aquí?

Is the shop **near** here?
¿Está la tienda cerca de aquí?

Is it **far from** here?
¿Está lejos de aquí?

Y si lo que queremos es preguntar cómo llegar a un lugar, la forma más habitual es:

How can I get to...?
¿Cómo puedo llegar a...?
¿Cómo se va a...?

How can I get to the bookstore?
¿Cómo puedo llegar a la librería?

How can I get to the stadium?
¿Cómo puedo llegar al estadio?

How can I get to the museum?
¿Cómo se va (puedo llegar) al museo?

Let's speak English

Living in Hundred

Hundred es un pequeño pueblo del Condado de Wetzel, en Virginia Occidental. El nombre fue puesto en honor a su primer habitante, Henry Church, un soldado inglés retirado que vivió allí hasta los 109 años. Los vecinos lo conocían como «Old Hundred».

Let's speak English

b Números del 60 al 999

60	sixty	**300**	three hundred
70	seventy	**400**	four hundred
80	eighty	**500**	five hundred
90	ninety	**600**	six hundred
100	one hundred	**700**	seven hundred
	a hundred	**800**	eight hundred
101	one hundred one	**871**	eight hundred seventy-one
200	two hundred	**900**	nine hundred
227	two hundred twenty-seven	**999**	nine hundred ninety-nine

*La palabra **«hundred»** (cien) no tiene plural cuando le precede un número:*

I have three **hundred** eighty-two dollars.
Tengo trescientos ochenta y dos dólares.

644
six hundred forty-four

178
one / a hundred seventy-eight

506
five hundred six

431
four hundred thirty-one

*Hay países de lengua inglesa en los que se añade **«and»** entre «hundred» y las decenas:*

I have three hundred **and** eighty-two dollars.

c El número «o»

Veamos dos formas de decir y escribir este número:

zero
(pronúnciese /zírou/)
se utiliza en términos matemáticos, científicos o para decir la temperatura.

The temperature is 0°C
(**zero** degrees Celsius).
La temperatura es 0°C.

oh
(pronúnciese /ou/)
se usa para la hora, direcciones, habitaciones de hotel, etc.

It's 7:05 (seven **oh** five).
Son las siete y cinco.

Como ya aprendimos en una unidad anterior, tanto «zero» como «oh» se usan para decir números telefónicos:

My phone number is 748 93021
(seven-four-eight-nine-three-**zero/oh**-two-one)

d Medios de transporte – Means of transport

Para expresar el medio de transporte que utilizamos hacemos uso de «by» (en).

by
- car *(en coche)*
- taxi / cab *(en taxi)*
- bus *(en autobús)*
- train *(en tren)*
- bicycle *(en bicicleta)*
- plane *(en avión)*

pero: on foot *(a pie)*

She goes to school **by** bus.
Ella va al colegio en autobús.

They come home **by** car.
Ellos vienen a casa en coche.

I can go to your house **on** foot.
Yo puedo ir a tu casa a pie.

Let's speak English

Acela

Acela Express es un tren de alta velocidad que opera entre Washington DC y Boston, a través de Baltimore, Filadelfia y Nueva York, a lo largo de Corredor Nordeste (ECN).
El diseño permite inclinar el tren para viajar a altas velocidades en las curvas sin molestar a los pasajeros.

ACTIVA TU INGLÉS

Gramática fácil

a El imperativo. Órdenes.

El imperativo es la estructura que usamos para dar órdenes o instrucciones. Se forma con el infinitivo del verbo, sin ningún pronombre delante.

Open the door!
¡Abre la puerta!

Shut up!
¡Cállate!

Shake before use.
Agitar antes de usar.

Prohibition

La «Ley Seca» fue establecida en 1919 por la Enmienda XVIII a la Constitución de los Estados Unidos. Esta ley prohibía la venta, elaboración y transporte de bebidas alcohólicas para consumo, ya que se consideraba que provocaban pobreza, enfermedades, demencia y delincuencia. Fue derogada en 1933 por la Enmienda XXI.

*Cuando se quiera dar una orden o instrucción negativa hay que añadir **«don't»** delante del infinitivo:*

Don't open the door!
¡No abras la puerta!

Don't say nonsenses!
¡No digas tonterías!

Don't phone before six.
No llame antes de las seis.

Route 66

La Ruta 66 se estableció el 11 de noviembre de 1926. Originalmente discurría desde Chicago (Illinois), a través Misuri, Kansas, Oklahoma, Texas, Nuevo México, Arizona y California, hasta finalizar en Los Ángeles, con un recorrido total de 3.939 km. Fue retirada de la "Red de Carreteras de Estados Unidos" en 1985 y reemplazada por la actual "Red de Autopistas Interestatales".

Gramática fácil

b Indicaciones de lugares

Cuando se indica cómo llegar a un lugar, se suelen utilizar las siguientes expresiones:

To **go along** the street
seguir la calle

To **go straight ahead / on**
seguir adelante / derecho

To **go across** the street
cruzar la calle

To **go / walk (up) to...**
ir hasta...

To **turn right / left**
doblar a la derecha / izquierda

To **take the second right / left**
tomar la segunda calle a la derecha / izquierda

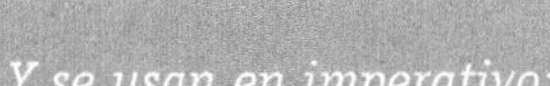

Y se usan en imperativo:

Go straight ahead, take the second right, go across the street, turn left, go up to the square and there is the shoe shop.

Siga adelante, tome la segunda calle a la derecha, cruce la calle, doble a la izquierda, vaya hasta la plaza y allí está la zapatería.

Gramática fácil

Expresiones de lugar

Estos adverbios se utilizan para describir la ubicación de un lugar. Entre ellos están:

near	*cerca (de)*
far (from)	*lejos (de)*
next to	*junto a, al lado de*
behind	*detrás (de)*
in front (of)	*delante (de)*
across from	*enfrente de*
between	*entre (dos)*
on the corner	*en la esquina*

The hairdresser's is **on the corner.**
La peluquería está en la esquina.

The bank is **between** the bakery and the school.
El banco está entre la panadería y la escuela.

There's a gym **across from** the supermarket.
Hay un gimnasio enfrente del supermercado.

My house is **next to** the florist's.
Mi casa está junto a la floristería.

Her car is **near** the church.
Su coche está cerca de la iglesia.

I live **far from** you.
Yo vivo lejos de ti.

Para referirse a una calle se usa la preposición «on»:

The shopping mall is **on** Oak street.
El centro comercial está en la calle Oak.

Pero si es una dirección, es decir, calle y número, se usa «at»:

Her house is **at** 56, Madison Avenue.
Su casa está en la avenida Madison, nº 56.

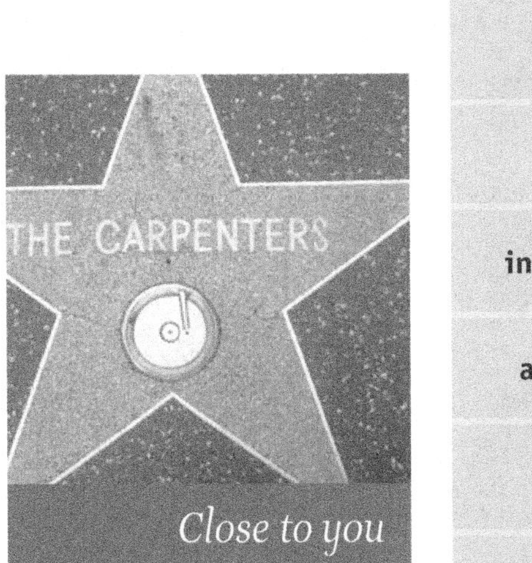

Close to you

Esta canción fue escrita por Burt Bacharach y Hal David. Su primera versión fue grabada por Richard Chamberlain en 1963 y luego, con algunos arreglos, por Dionne Warwick en 1964. Sin embargo el éxito llegó con la versión de The Carpenters en 1970. El tema se mantuvo en el Billboard Hot 100 por cuatro semanas y les valió su primer Grammy.

The Five Points

Fue un barrio marginal ubicado en Manhattan, Nueva York. Después de algunos problemas de inundaciones, la mayoría de los habitantes abandonaron la zona, que fue ocupada por gran cantidad de inmigrantes de bajos recursos. El crisol de identidades (africanos, irlandeses, ingleses, judíos e italianos) dio origen al tap (claqué) y también al jazz. El vecindario fue el escenario de la película de Martin Scorsese, «Gangs of New York».

ACTIVA TU INGLÉS

Gramática fácil

«Hay» (there is, there are)

La expresión impersonal «hay» equivale a las formas «there is» y «there are».

*«There is» se utiliza con **nombres incontables o nombres contables en singular** y se puede contraer en **«there's»**:*

There's some milk in the glass.
Hay leche en el vaso.

There is a church on Galven Street.
Hay una iglesia en la calle Galven.

*«There are» se usa con **nombres contables en plural** y no se puede contraer:*

There are two shops near my house.
Hay dos tiendas cerca de mi casa.

*En negaciones se usan **«there isn't (there is not)»** y **«there aren't (there are not)»**:*

There isn't a bank there.
No hay un banco allí.

There aren't three hotels in the city.
No hay tres hoteles en la ciudad.

*Para realizar preguntas se invierte el orden: **Is there...?, Are there ...?***

Is there a post office near here?
¿Hay una oficina de correos cerca de aquí?

Are there any music stores?
¿Hay tiendas de música?

Las preguntas anteriores se pueden responder afirmativa y negativamente, de forma corta:

Is there a post office near here?
Yes, there is.
¿Hay una oficina de correos cerca de aquí? Sí, la hay.

Are there any music stores?
No, there aren't.
¿Hay tiendas de música? No, no hay.

ACTIVA TU INGLÉS

Ejercicios

1

¿Cuál es la respuesta a la pregunta: *How are you traveling?*

a) On plane
b) With plane
c) By plane
d) In plane

2

Escribe estos números en letra:

a) 76: ____________
b) 864: ____________
c) 109: ____________
d) 543: ____________
e) 327: ____________

3

Ordena las palabras para formar frases.

a) up 's hurry late ! it.
b) the ! open don't window
c) your eat sandwich !
d) an don't car buy old.
e) me to listen !

4

Completa los espacios con: *between, next to, on, far, at.*

a) The bank is _________ the school and the post office.

b) China is _________ from Mexico.

c) I live _________ 23, Drafton Road.

d) Canada is _________ the United States.

e) The shop is _________ Daffodil Street.

5

Usa correctamente «there is» y «there are» en afirmaciones, negaciones y preguntas.

a) ____________ a gym near here?

b) _________ two pictures. _______ only one.

c) ____________ some money on the table.

d) ____________ sixty minutes in an hour.

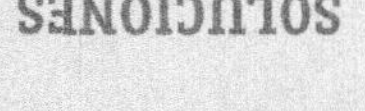

SOLUCIONES

1.- c) By plane. **2.- a)** 76: seventy-six; **b)** 864: eight hundred sixty-four; **c)** 109: a / one hundred nine; **d)** 543: five hundred forty-three; **e)** 327: three hundred twenty-seven. **3.- a)** Hurry up! It's late.; **b)** Don't open the window!; **c)** Eat your sandwich!; **d)** Don't buy an old car.; **e)** Listen to me! **4.- a)** between; **b)** far; **c)** at; **d)** next to; **e)** on. **5.- a)** Is there; **b)** There aren't / There are not – There's / There is; **c)** There's / There is; **d)** There are

UNIDAD 12

En esta unidad estudiaremos:

LET'S SPEAK ENGLISH:
a) Llamar a alguien por el nombre.
b) La palabra «right».

GRAMÁTICA FÁCIL:
a) El pasado simple del verbo «to be».
b) El pasado simple de verbos regulares.
c) El pasado simple de verbos irregulares.

Diálogo

Sally es guía turística y está hablando con Luke Jenkins, un cliente de un hotel.

Sally: Good afternoon, Mr. Jenkins.

Luke: **Please, call me Luke.**

Sally: **All right** then, Luke. Are you enjoying your stay in the city?

Luke: Yes, thank you. **Yesterday** we **went** sightseeing and **had** a good time. We **had dinner** in a really good place, next to the bridge.

Sally: I know that place. It's called «The Black Tree», isn't it?

Luke: **That's right.**

Sally: And what **did you do last night**?

Luke: We **went** to a good bar downtown, but it **was** very expensive.

Sally: **You're right**. Downtown is very expensive for going out. When **did you arrive** in the city?

Luke: We **arrived a week ago**. We **stayed** in another hotel before we **came here**.

Sally: What monuments **did you visit**?

Luke: Well, **last week** we **visited** the palace and some old churches. They **were** magnificent.

Sally: And what are you going to do this afternoon?

Luke: Well, **right now** I'd like to have a rest. We **spent** all morning walking around downtown. My wife **wanted** to go shopping!

Sally: Well, have a good rest, Luke. Don't forget to wake up in time for the fireworks tonight!

Luke: Ok. Thank you.

Sally: If you need any more help or information, I'll be **right here**.

ACTIVA TU INGLÉS

Diálogo

(traducción)

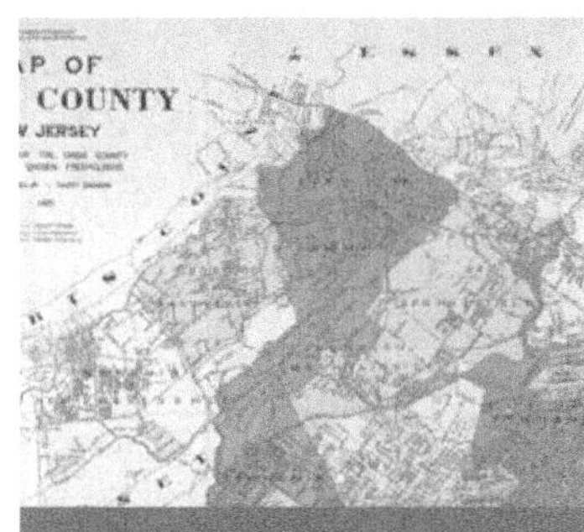

County

Un condado (county) de los Estados Unidos es una subdivisión de un estado hecha por el gobierno estatal o federal. Los condados estaban entre las primeras formas de administración municipal establecidas por las Trece Colonias originales. La Commonwealth de Massachusetts fue la primera colonia en establecer condados, en 1643.

Sally: *Buenas tardes, Sr. Jenkins.*

Luke: ***Por favor, llámame Luke.***

Sally: ***De acuerdo**, Luke. ¿Están disfrutando su estadía en la ciudad?*

Luke: *Sí, gracias. **Ayer estuvimos de turismo** y la **pasamos** muy bien. **Cenamos** en un sitio realmente bueno, junto al puente.*

Sally: *Conozco ese lugar. Se llama «The Black Tree», ¿verdad?*

Luke: ***¡Así es!***

Sally: *¿Y qué **hicieron anoche**?*

Luke: ***Fuimos** a un buen bar en el centro de la ciudad, pero **era** muy caro.*

Sally: ***Tiene razón**. El centro de la ciudad es muy caro para salir. ¿Cuándo **llegaron** ustedes a la ciudad?*

Luke: ***Llegamos hace una semana**. Nos **quedamos** en otro hotel antes de **venir aquí**.*

Sally: *¿Qué monumentos **visitaron**?*

Luke: *Bueno, **la semana pasada visitamos** el palacio y algunas iglesias antiguas. **Eran** magníficas.*

Sally: *¿Y qué van a hacer esta tarde?*

Luke: *Bueno, **ahora mismo** me gustaría descansar. **Pasamos** toda la mañana caminando por el centro de la ciudad. ¡Mi esposa **quería** ir de compras!*

Sally: *Bueno, que descanse, Luke. No olvide despertarse a tiempo para los fuegos artificiales de esta noche.*

Luke: *De acuerdo. Gracias.*

Sally: *Si necesita cualquier ayuda o información, me encuentro **aquí mismo**.*

Let's speak English

a Llamar a alguien por el nombre

Cuando queramos que alguien nos llame por nuestro nombre, o por cualquier apelativo, podemos utilizar cualquiera de las expresiones siguientes:

My name is James but —
please, call me Jimmy.
you can call me Jimmy.
just call me Jimmy.

Me llamo James pero —
por favor, llámame Jimmy.
me puedes llamar Jimmy.
llámame simplemente Jimmy.

b La palabra «right»

La palabra «right» se puede utilizar en diferentes situaciones y a continuación vamos a mostrar algunas expresiones que lo contienen.

«All right» («alright») se utiliza para mostrar acuerdo. Equivale a «está bien», «de acuerdo».

- Is she British?
- ¿Es ella británica?

- No, she is American.
- No, es estadounidense.

- Ah! **All right.**
- Ah, de acuerdo.

«That's right» se usa para confirmar algo que se ha dicho. Equivale a «así es», «eso es».

- So you live in Florida.
- Así que vives en Florida.

- Yes, **that's right!**
- Sí, así es.

Bill of Rigths

Este es el nombre con el que se conoce a Carta de Derechos que contiene las diez primeras enmiendas a la Constitución de los Estados Unidos. Las enmiendas limitan el poder del gobierno federal, además de garantizar los derechos y libertades de las personas, como por ejemplo: libertad de expresión, de asamblea, religiosa, de peticionar, etc.

Let's speak English

«Right here» equivale a «aquí mismo», al igual que «right there» a «allí mismo».

Leave this parcel **right here.**
Deja este paquete aquí mismo.

You can buy the newspaper **right there.**
Puedes comprar el periódico allí mismo.

«Right now» significa «ahora mismo».

I'm studying English **right now.**

Ahora mismo estoy estudiando inglés.

«To be right» (I'm right, you're right, he's right....) significa «tener razón».

- Barbara looks like Annie.
Bárbara se parece a Annie.

- Yes, **you're right.**
Sí, tienes razón.

ACTIVA TU INGLÉS

a El pasado simple del verbo «to be»

Gramática fácil

El pasado simple es el tiempo que usamos cuando nos referimos a acciones que ocurrieron en el pasado y ya están acabadas. A continuación estudiaremos el pasado simple, tanto de verbos regulares como irregulares, así como del verbo «to be», que se refiere a estados o situaciones que tuvieron lugar en el pasado y ya finalizaron.

*El pasado del verbo «to be» tiene dos formas (**«was»** y **«were»**), según la persona que realizara la acción.*

- De manera afirmativa:

I	**was**	*yo era, estaba, fui, estuve*
you	**were**	*tú eras, estabas, fuiste, estuviste*
		usted era, estaba, fue, estuvo
he	**was**	*él era, estaba, fue, estuvo*
she	**was**	*ella era, estaba, fue, estuvo*
it	**was**	*(ello) era, estaba, fue, estuvo*
we	**were**	*nosotros/as éramos, estábamos, fuimos, estuvimos*
you	**were**	*ustedes eran, estaban, fueron, estuvieron*
they	**were**	*ellos/as eran, estaban, fueron, estuvieron*

I **was** in Chicago in 2007.
Estuve en Chicago en 2007.

He **was** at the party.
Él estuvo en la fiesta.

They **were** ill last week.
Ellos estuvieron enfermos la semana pasada.

*Para hacer frases negativas utilizaremos **«was not (wasn't)»** y **«were not (weren't)»**:*

I **wasn't** there.
Yo no estaba/estuve allá

You **weren't** happy.
Tú no eras feliz

*Para preguntar colocamos **«was»** y **«were»** delante del sujeto:*

Were you tired after the match?
¿Estaban ustedes cansados después del partido?

When **was** she a model?
¿Cuándo fue ella modelo?

Gramática fácil

En respuestas cortas:

Was Linda a teacher? *¿Era Linda profesora?* Yes, she **was.** / *Sí, lo era.* No, she **wasn't.** / *No, no lo era.*	Were they at work yesterday? *¿Estuvieron ellos en el trabajo ayer?* Yes, they **were.** / *Sí.* No, they **weren't.** / *No.*

El pasado simple de verbos regulares

Un verbo es regular cuando su pasado y su participio se forman añadiendo «-ed» al infinitivo del verbo. Tienen una única forma para todas las personas.

Forma afirmativa del pasado simple

Bald Eagle

El águila calva (Haliaeetus leucocephalus), también conocida como «águila americana», es el símbolo nacional de Estados Unidos y aparece en su escudo. Esta especie estuvo a punto de extinguirse en EEUU a fines del siglo XX, pero su población se ha estabilizado.

[To clean: limpiar]

I	**cleaned**	*yo limpié, limpiaba*
you	**cleaned**	*tú limpiaste, limpiabas* *usted limpió, limpiaba*
he	**cleaned**	*él limpió, limpiaba*
she	**cleaned**	*ella limpió, limpiaba*
it	**cleaned**	*limpió, limpiaba*
we	**cleaned**	*nosotros/as limpiamos, limpiábamos*
you	**cleaned**	*ustedes limpiaron, limpiaban*
they	**cleaned**	*ellos/as limpiaron, limpiaban*

Para formar el pasado de un verbo regular:

1

La regla general es añadir «-ed» al infinitivo del verbo: work-worked.

I **worked** for that company.
Yo trabajé para esa compañía.

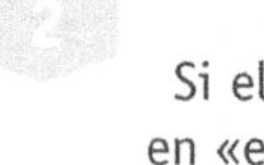

Si el infinitivo acaba en «e», sólo se añade «d»: live-lived.

She **lived** in London.
Ella vivió/vivía en Londres.

Soul Food

Éste es el nombre con el que se conoce a la gastronomía estadounidense tradicional de los afroamericanos del sur de Estados Unidos. El primer libro de recetas de «soul food», llamado «What Mrs. Fisher Knows About Old Southern Cooking» se le atribuye a Abby Fisher y fue publicado en 1881. Esta cocina es rica en guisos y frituras para aprovechar al máximo los recursos.

Gramática fácil

3

Cuando el infinitivo acaba en «y»:

Si la «y» tiene delante una vocal, se añade «ed»: play-played.

They **played** basketball.
Ellos jugaron/jugaban al baloncesto.

Si la «y» tiene delante una consonante, cambia a «i» y se añade «ed»: study-studied.

We **studied** for the test.
Estudiamos para el examen.

4

Si el infinitivo acaba en la serie de letras «consonante-vocal-consonante» y la última sílaba es la acentuada, antes de añadir «ed» se dobla la última consonante: plan-planned.

I **planned** my holidays last month.
Planeé mis vacaciones el mes pasado.

5

Pero si acaba en esa serie de letras y la última sílaba no recibe el acento, sólo se añade «ed»: visit-visited.

I **visited** my aunt last week
Visité a mi tía la semana pasada

Hay que hacer notar que en algunos países de lengua inglesa, si se cumple esta última regla pero el infinitivo acaba en «l», ésta se duplica antes de añadir «-ed».

cance**l** – cance**ll**ed (*cancelar*)
trave**l** – trave**ll**ed (*viajar*)

*Para hacer frases negativas en pasado usamos el auxiliar **«did not (didn't)»**, que acompañará al verbo en infinitivo (no en pasado):*

My mother **didn't live** in the USA.
Mi madre no vivía/vivió en los EEUU.

They **didn't work** in the morning.
Ellos no trabajaron/trabajaban por la mañana.

*Para realizar preguntas se utiliza **«did»** delante del sujeto y del verbo en infinitivo (no en pasado):*

Did you **travel** to Europe last year?
¿Viajaste a Europa el año pasado?

When **did** she **visit** her family?
¿Cuándo visitó ella a su familia?

***«Did»** y **«didn't»** se usan también en respuestas cortas:*

Did you like the film? *¿Te gusto la película?*	Yes, I **did** / *Sí, me gustó*
	No, I **didn't** / *No, no me gustó*

Gramática fácil

C El pasado simple de verbos irregulares

Un verbo es irregular cuando su pasado, su participio, o ambos, no se forman añadiendo «ed» al infinitivo del verbo. Son muchos los verbos que son irregulares en inglés y cada uno con un tipo de irregularidad, por lo que la única regla para aprenderlos será practicarlos y memorizarlos.

Para usarlos de forma afirmativa, se toma el verbo en pasado y éste es igual para todas las personas:

[To go: ir. Pasado: went]

We **went** to the theater last month.
Fuimos al teatro la semana pasada.

She **went** to Paris in November.
Ella fue a París en noviembre.

They **went** to school in the morning.
Ellos fueron a la escuela por la mañana.

I **went** to bed late.
Me fui a la cama tarde.

*En **frases negativas**, al igual que con los verbos regulares, utilizaremos **«didn't»** y el infinitivo del verbo:*

My parents **didn't buy** a new car.
Mis padres no compraron un auto nuevo.

I **didn't break** the vase.
Yo no rompí el jarrón.

She **didn't sing** her songs.
Ella no cantó sus canciones.

Our dog **didn't eat** meat.
Nuestro perro no comió carne.

*Para hacer **preguntas** usamos **«did»** delante del sujeto y del verbo en infinitivo:*

Did you **see** Tom? / *¿Viste a Tom?*

What **did** you **do**? / *¿Qué hiciste?*

En respuestas cortas:

Did you read the newspaper yesterday?
¿Leíste el periódico ayer?

Yes, I **did.** / *Sí.*
No, I **didn't.** / *No.*

Pecos Bill

Es la figura mítica del vaquero estadounidense. Cuenta la leyenda que yendo en una diligencia a muy corta edad, se cayó de la misma y fue encontrado por una familia de coyotes cerca del río Pecos. Se le atribuye haber ahuyentado un tornado y también -debido a la sequía- haber llevado la lluvia desde California hasta Texas, formando así el Golfo de México.

Georgia Aquarium

El Acuario de Georgia, ubicado en la ciudad de Atlanta, es catalogado como el mayor acuario del mundo, con más de 30,000 m³ de agua salada y dulce. Alberga más de 100.000 animales (de 500 especies diferentes), entre los que se destacan 4 tiburones ballenas y 5 belugas. La obra fue posible gracias la donación de 250 millones de dólares por parte de Bernie Marcus, fundador de los almacenes «Home Depot».

ACTIVA TU INGLÉS

Gramática fácil

Al usar el pasado, muchas veces aparecerán también expresiones de tiempo como:

*

yesterday
ayer

He didn't come to the meeting **yesterday**.
Él no vino a la reunión ayer.

Si decimos «yesterday» y una parte del día, no se usan artículos ni preposiciones entre ambas palabras:

They phoned me **yesterday morning.**
Ellos me telefonearon ayer por la mañana.

No

They phoned me yesterday in the morning.

Did she study **yesterday evening**?
¿Estudió ella ayer por la noche?

No

Did she study yesterday in the evening?

**

last	week	*la semana pasada*
	month	*el mes pasado*
	year	*el año pasado*
	night	*anoche (la pasada noche)*

I saw your cousin **last week**.
Vi a tu prima la semana pasada.

They bought their apartment **last year**.
Ellos compraron su apartamento el año pasado.

She didn't watch TV **last night**.
Ella no vio la televisión anoche.

***

período de tiempo + **ago**

hace + período de tiempo

período de tiempo + atrás

I met your father two months **ago**.
Conocí a tu padre hace dos meses (dos meses atrás).

We sent that letter three weeks **ago**.
Enviamos esa carta hace tres semanas.

Ejercicios

1

Encuentra el pasado simple de estos verbos: ***arrive, buy, come, do, eat, find, like, play, see, study.***

W	D	E	I	D	U	T	S
H	I	B	N	E	T	A	B
S	A	W	A	D	R	O	P
F	C	V	K	R	U	L	W
O	A	D	I	G	A	I	D
U	M	V	H	Y	S	K	U
N	E	T	E	U	T	E	T
D	I	D	K	W	E	D	N

2

Elige la respuesta correcta

a) John *was / were* at school yesterday.

b) *Was / were* they in Madrid?
Yes, they *was / were*.

c) I *wasn't / weren't* hungry.

d) We *was / were* at home.

e) Michael and I *was / were* here yesterday.

3

Completa los espacios con la forma correcta de los siguientes verbos en pasado simple: ***like, go, win, send, live.***

a) She _________ two emails yesterday.

b) They didn't _________ in Panama.

c) Did you _________ the competition?

d) She _________ going to the movies.

e) I _________ to work by bus.

SOLUCIONES

1.- arrived, bought, came, did, ate, found, liked, played, saw, studied. 2.- **a)** was; **b)** Were - were; **c)** wasn't; **d)** were; **e)** were. 3.- **a)** sent; **b)** live; **c)** win; **d)** liked; **e)** went

UNIDAD 13

En esta unidad estudiaremos:

LET'S SPEAK ENGLISH:
a) Vocabulario: Los alimentos.
b) Formas de presentar productos.
c) Pedir un producto en una tienda.

GRAMÁTICA FÁCIL:
a) Nombres contables e incontables. b) Cuantificadores (some, any). c) Preguntar acerca de cantidades y precios. d) Uso de la forma «will» para decisiones espontáneas.

Diálogo

Nicola está en el mercado. Quiere comprar algunos alimentos y John le atiende en su establecimiento.

Nicola: Good morning. **I'll take a dozen eggs**, please. **How much** are they?
John: They're $1.20 for **a dozen**. Anything else?
Nicola: Yes. I'd like **some carrots** too. **How many** can I get for $2.50?
John: About ten. Or you can buy **a bag of carrots** for $2.00.
Nicola: Ok. **I'll take a bag of carrots**. Have you got **any spinach**?
John: Yes, there's **some** there, next to the **tomatoes.**
Nicola: Oh, it looks a bit old. I think **I'll take some cabbage** instead.
John: That's fine. Anything else?
Nicola: **A piece of cheese**, please. The cheddar looks nice.
John: It's very good cheese.
Nicola: **How much** is it?
John: It's $4.45 a pound.
Nicola: Ok. **I'll take some beef** steaks as well.
John: **How many?**
Nicola: Three, please. And **a bag of potatoes**. **How much** are the grapes?
John: They're $2.50 for **a bunch**.
Nicola: I don't know. That's a bit expensive. But they look nice... **I'll take** them! **A bunch of grapes** too, please.
John: Is that all?
Nicola: Just one more thing. Have you got **any milk**?
John: Yes, it's there, next to the **cheese**.
Nicola: Ok. **I'll take** two **cartons of milk**. **How much** is that all together?
John: That's $15.50.
Nicola: Here you are.
John: Would you like a bag?
Nicola: Yes, please. Thank you very much. Goodbye!

ACTIVA TU INGLÉS

Diálogo

(traducción)

Cheesesteak

Este sandwich es también conocido como «Philly cheesesteak» o «Steak and cheese». Lleva en su interior pequeñas tiras de carne cubiertas de queso fundido. Fue inventado y asociado a la ciudad de Filadelfia en los años '30 y hoy es un icono, al igual que otras comidas, como los «tastykakes», los «hoagies» o los «scrapples».

Nicola: *¡Buenos días!* ***Me llevaré una docena de huevos****, por favor.* ***¿Cuánto cuesta?***

John: *Cuesta $1.20* ***la docena****. ¿Algo más?*

Nicola: *Sí. Quisiera* ***algunas zanahorias*** *también. ¿****Cuántas*** *me puedo llevar por $2.50?*

John: *Unas diez. O puede comprar* ***una bolsa de zanahorias*** *por $2.00.*

Nicola: *De acuerdo.* ***Me llevo la bolsa de zanahorias****. ¿Tiene* ***espinacas****?*

John: *Sí, hay* ***algunas*** *allá, junto a los* ***tomates****.*

Nicola: *¡Oh! Parecen un poco pasadas. Creo, en cambio, que* ***me llevaré algo de col****.*

John: *Está bien. ¿Algo más?*

Nicola: ***Un trozo de queso****, por favor. El cheddar tiene buen aspecto.*

John: *Es muy buen queso.*

Nicola: ***¿Cuánto cuesta?***

John: *$4.45 la libra.*

Nicola: *De acuerdo.* ***Me llevaré algunos filetes de res*** *también.*

John: ***¿Cuántos?***

Nicola: *Tres, por favor. Y* ***una bolsa de patatas****. ¿****Cuánto cuestan*** *las uvas?*

John: *Cuestan $2.50* ***el racimo****.*

Nicola: *No sé. Son un poco caras. Pero tienen buen aspecto...* ***¡Me las llevo! Un racimo de uvas*** *también, por favor.*

John: *¿Es todo?*

Nicola: *Una cosa más. ¿Tiene* ***leche****?*

John: *Sí, está allá, junto al* ***queso****.*

Nicola: *Bien.* ***Me llevaré dos cartones de leche****. ¿****Cuánto es*** *todo junto?*

John: *Son $15.50.*

Nicola: *Aquí tiene.*

John: *¿Quiere una bolsa?*

Nicola: *Sí, por favor. Muchas gracias. Adiós.*

ACTIVA TU INGLÉS

a Vocabulario: Los alimentos - Food

Aprendamos un poco de vocabulario acerca de los alimentos:

vegetables	***verduras, vegetales***
tomato	*tomate*
cucumber	*pepino*
cabbage	*col*
lettuce	*lechuga*
carrot	*zanahoria*
spinach	*espinaca*
onion	*cebolla*
pepper	*pimiento*
potato	*papa*
meat	***carne***
beef	*carne de res*
lamb	*cordero*
chicken	*pollo*
pork	*cerdo*
steak	*filete*
fish and seafood	***pescado y marisco***
sardine	*sardina*
tuna	*atún, tuna*
mussels	*mejillones*
prawn	*langostino*
lobster	*langosta*
dairy products	***productos lácteos***
milk	*leche*
cheese	*queso*
butter	*mantequilla*
cream	*nata, crema*
yoghurt	*yogurt*

Let's speak English

Let's speak English

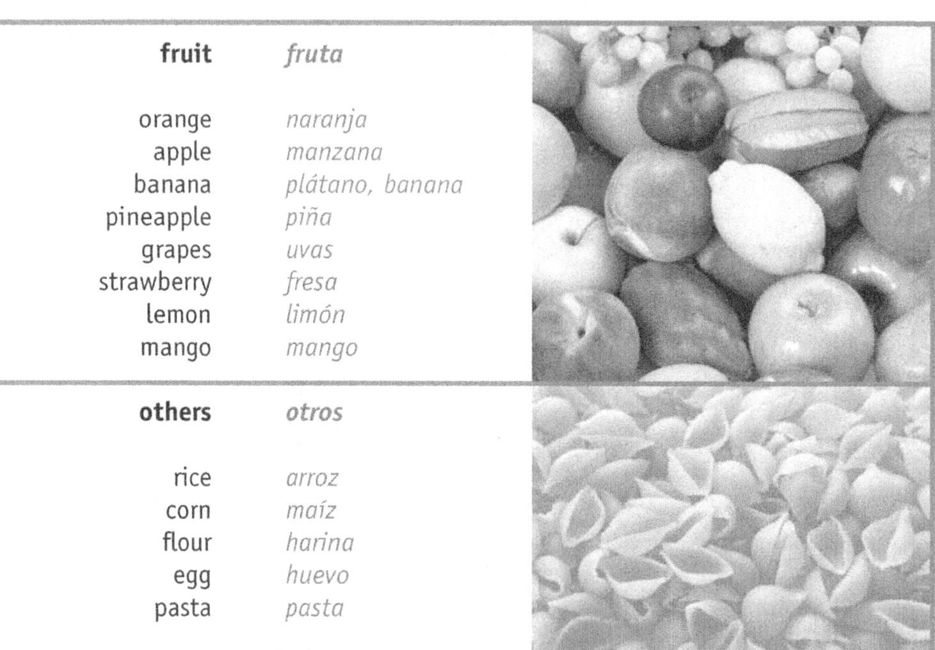

fruit	fruta
orange	naranja
apple	manzana
banana	plátano, banana
pineapple	piña
grapes	uvas
strawberry	fresa
lemon	limón
mango	mango

others	otros
rice	arroz
corn	maíz
flour	harina
egg	huevo
pasta	pasta

b Formas de presentar productos

Los alimentos se suelen presentar con distintos tipos de envase o contenedor, o bien en ciertas cantidades. Así:

a bag of potatoes	*una bolsa (funda) de patatas*
a bottle of wine	*una botella de vino*
a box of cereal	*una caja de cereales*
a bunch of grapes	*un racimo de uvas*
a can of coke	*una lata de cola*
a carton of milk	*un cartón de leche*
a dozen eggs*	*una docena de huevos*
a jar of jam	*un bote de mermelada*
a loaf of bread	*una pieza de pan*
a piece of cheese	*un trozo (porción) de queso*
a six-pack of beer	*un pack de seis cervezas*

** Esta expresión no usa la preposición «of».*

FDA

La «Food and Drug Administration» es la agencia del gobierno de los Estados Unidos responsable de la regulación de alimentos, suplementos alimenticios, medicamentos, cosméticos, aparatos médicos, productos biológicos y productos eméticos (tanto para humanos como para animales).

Little Italy

«Pequeña Italia» es un barrio en Manhattan (Nueva York), llamado así por la profunda influencia de los inmigrantes italianos. Actualmente, la zona que aún se puede reconocer como «Little Italy» es la sección de la calle Mulberry entre Broome y Canal, donde muchos restaurantes italianos son visitados por turistas. La festividad típica de la zona es "San Genaro», la cual se celebra por once días durante el mes de septiembre.

Let's speak English

We need to buy **a carton of** orange juice, **a bunch of** bananas, **two cans of** beer, **a dozen** eggs and **a loaf of** bread for the dinner.

Necesitamos comprar un cartón de jugo de naranja, un racimo de plátanos, dos latas de cerveza, una docena de huevos y una pieza de pan para la cena.

C *Pedir un producto en una tienda*

Cuando se pide un producto en una tienda, se pueden utilizar varias estructuras:

Formal:	**I'd like to have / take...**	*Me gustaría llevarme...*
Neutra:	**I'll take...**	*Me llevaré...*
Coloquial:	**I want...**	*Quiero...*

- Good morning! **I'll take** a piece of cheese and a bottle of milk.
- Here you are.
- Thank you.

- ¡Buenos días! Me llevaré una porción de queso y una botella de leche.
- Aquí tiene.
- Gracias.

Gramática fácil

a Nombres contables e incontables

Los nombres contables son precisamente aquellos que se pueden contar, es decir, los que pueden llevar delante un número; por lo tanto, son aquellos que tienen plural.

a **book**	*un libro*
six **houses**	*seis casas*
four **flowers**	*cuatro flores*
three **oranges**	*tres naranjas*
two **eggs**	*dos huevos*
eleven **people***	*once personas*

** La palabra «people», aunque generalmente se traduce por «gente», también es el plural de «person», por lo que es contable.*

Los nombres incontables son aquellos que no tienen plural ni pueden ir precedidos por un número; por lo tanto, son aquellos que no se pueden contar.

Entre ellos están los nombres de líquidos, gases, materiales y sustancias en general, nombres abstractos, cualidades, etc.

rice	*arroz*
chocolate	*chocolate*
air	*aire*
bread	*pan*
sugar	*azúcar*
money	*dinero*
love	*amor*
oil	*aceite, petróleo*

Los nombres incontables hacen conjugar al verbo en 3ª persona del singular (como he, she *o* it*):*

Olive oil **is** expensive but healthy.
El aceite de oliva es caro pero saludable.

There **is** some sugar on the table.
Hay azúcar en la mesa.

People

«People» es una de las revista más famosas de EEUU. Su edición es semanal y trata sobre celebridades e historias de interés general. Es publicada por Time Inc. En alguna ocasión ha sido elegida como "Revista del Año", por su excelencia en cuanto a editorial, distribución y publicidad.

Slice of life

El término «Slice of life» es una expresión teatral que describe el estilo naturalista en la representación de la vida real. Su origen se remonta a 1890 y surge de una traducción del francés «tranche de vie», atribuído al dramaturgo Jean Jullien, quien definió: «una obra teatral es una porción de vida puesta en un escenario con arte».

Gramática fácil

Algunos nombres se pueden contabilizar por medio de otras expresiones:

water – **two glasses of** water *agua – dos vasos de agua*	cheese – **three pieces of** cheese *queso – tres porciones de queso*
shampoo – **a bottle of** shampoo *champú – una botella de champú*	tea – **a cup of** tea *té – una taza de té*

Los nombres, tanto contables como incontables, suelen ir acompañados de unos cuantificadores, que son adverbios y expresiones de cantidad, que tratamos a continuación.

b Cuantificadores (some, any)

Los cuantificadores son adverbios que nos indican la cantidad de alguna cosa. En esta unidad trataremos los siguientes:

Some:
Se utiliza en frases afirmativas.

Con nombres incontables indica cierta cantidad, o sea, «algo»:

There is **some** water in the glass.
Hay (algo de) agua en el vaso.

Delante de nombres contables también indica cierta cantidad, es decir, «algunos»:

There are **some** eggs in the fridge
Hay (algunos) huevos en el refrigerador.

***«Some»** también puede aparecer en preguntas, pero únicamente cuando se pide o se ofrece algo:*

Can I have **some** salt for the steak, please?
¿Me puede dar sal para el filete, por favor?

Would you like **some** wine?
¿Quiere vino?

Gramática fácil

Any: *Se usa en frases negativas y preguntas.*	
En frases negativas:	**En preguntas:**
Delante de nombres incontables equivale a «nada»:	*Delante de nombres incontables equivale a «algo»:*
There isn't **any** sugar for the cake. *No hay (nada de) azúcar para el pastel.*	Is there **any** milk in the carton? *¿Hay (algo de) leche en el cartón?*
Ante sustantivos contables significa «ningún/a»:	*Ante sustantivos contables significa «algunos/as»:*
There aren't **any** watches in the shop. *No hay relojes (ningún reloj) en la tienda.*	Are there **any** pictures on the walls? *¿Hay (algunos) cuadros en las paredes?*

*Hay que tener en cuenta que, aunque en español no se traduzcan, en inglés sí que hay que usar **some** o **any** en los casos citados.*

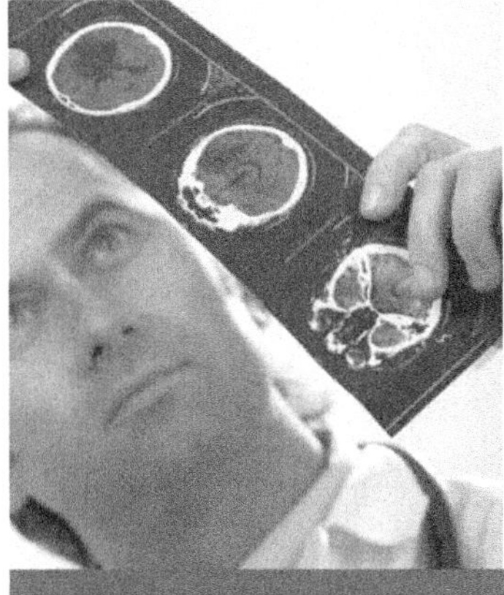

Know-how

Se traduce como «saber-cómo», pero mejor sería «saber hacer». El «know-how» describe la habilidad con la que cuenta una organización para desarrollar sus funciones productivas o de servicios. Es usada en comercio internacional para denominar los conocimientos preexistentes, no siempre académicos, que incluyen: técnicas, información secreta, teorías, e incluso datos privados (como clientes o proveedores).

C Preguntar acerca de cantidades y precios

Para preguntar por cantidades se utilizan dos expresiones:

How much? *con nombres incontables. Equivale a «¿cuánto/a?»:*	***How many?*** *con nombres contables. Equivale a «¿cuántos/as?»*
How much coffee do you want? *¿Cuánto café quieres?*	**How many** lamps did you buy? *¿Cuántas lámparas compraste?*
How much cheese is there? *¿Cuánto queso hay?*	**How many** people are there? *¿Cuántas personas hay?*

Customary system

También llamado «sistema americano» es el sistema de medidas usado en los EEUU. Es similar, pero no idéntico, a las «unidades imperiales británicas». Estados Unidos es el único país industrializado que no utiliza el sistema métrico decimal es sus actividades comerciales. Sin embargo, el «International System of Units» (conocido como SI o «métrico») es utilizado en ciencia, medicina, gobierno y algunos sectores de la industria.

Para preguntar el precio de algún producto no se suele utilizar la palabra «money», sino simplemente:
How much + is/are ...?

How much is the car?
¿Cuánto vale el auto?

How much are the tickets?
¿Cuánto valen los boletos?

d Uso de la forma «will» para decisiones espontáneas

Cuando alguien toma una decisión de manera espontánea, expresa e sa idea con «will», seguido del infinitivo del verbo (sin «to»). La contracción de «will» es «'ll».

(The doorbell is ringing).
I'll open the door.
(Suena el timbre).
Abriré la puerta.

John, there aren't any potatoes.
John, no hay papas.
Ok. **I'll** buy some.
Bueno, compraré algunas.

Peter, it's raining!
Peter, está lloviendo.
Don't worry.
We'll take the umbrella.
No te preocupes.
Llevaremos el paraguas.

Ejercicios

1

Señala si estos nombres son contables (C) o incontables (I).

a) house ____
b) money ____
c) water ____
d) table ____
e) orange ____
f) orange juice ____
g) teacher ____
h) love ____
i) computer ____
j) people ____

2

Completa los espacios con «some» o «any».

a) Did you do __________ exercise?
b) I don't like __________ programs.
c) She saw __________ people at the park.
d) They don't buy __________ newspapers.
e) I'd like __________ sugar, please.

3

Corrige los errores donde sea necesario

a) How many students is there in your class?
b) How much apples do you want?
c) How much is the meat?
d) There isn't some bread.
e) How many pencils does he need?

4

Relacionar con flechas

a) We don't have any milk.
b) The door is closed.
c) The room is dirty.
d) This cell phone is very old.

1) I'll open it.
2) I'll clean it.
3) I'll change it.
4) Ok, I'll buy some.

SOLUCIONES

1.- a) C; b) I; c) I; d) C; e) C; f) I; g) C; h) I; i) C; j) C. 2.- a) any; b) any; c) some; d) any; e) some. 3.- a) How many students are there in your class?; b) How many apples do you want?; d) There isn't any bread. 4.- a) 4; b) 1; c) 2; d) 3

UNIDAD 14

En esta unidad estudiaremos:

LET'S SPEAK ENGLISH:
a) Usos de «how» (I).

GRAMÁTICA FÁCIL:
a) Expresar mucha o poca cantidad.
b) Pronombres indefinidos.
c) Listado de verbos regulares (pasado) (I).

Diálogo

Paula y Jack están comprando muebles para su nuevo apartamento.

Paula: **How about** this couch?
Jack: I don't know. **How wide is** the living room? It looks too big.
Paula: Well, when we measured the room it was four metres wide.
Jack: That's fine, then. But I don't like the color.
Paula: **How lovely!** Look at this one. It's bright red, just like the carpet.
Jack: I think that'll be **a lot of** red in one room. I prefer the blue one.
Paula: **How about going** to another shop? **Somebody** told me there is a good one just down the road.
Jack: Yes, there aren't **many** different couches here.

(They go to the other shop)

Paula: Oh! **How wonderful!** Look **how much** choice there is here!
Jack: Let's look for some pictures as well. We don't have **anything** to put on the walls.
Paula: That's a good idea. Maybe some cushions too. But I can't see them **anywhere.** This shop is so big…
Jack: I can see them over there, by the curtains.
Paula: **Everybody** says this shop is very good, and they're right! Look at these curtains!
Jack: They're really nice. We can put them in our bedroom.
Paula: Yes, we haven't got **many** things for the bedroom yet.
Jack: And **how about** this carpet?
Paula: Er, no! It's horrible!
Jack: Well, I like it.
Paula: Let's go and look for **something** nicer.
Jack: We need some chairs as well. We've only got **a few**.
Paula: Ok, but first, let's look at these pictures…

Diálogo

(traducción)

Interior design

Sister Parish (1910-1994), nacida como Dorothy May Kinnicutt, fue la primera decoradora de interiores en realizar la decoración de la Casa Blanca, durante la presidencia de Kennedy. Su influencia todavía puede verse en el comedor familiar y en el salón oval amarillo. Entre otros clientes, Parrish asesoró al filántropo Jane Engelhard y a la coleccionista de arte Betsey Whitney.

Paula: ¿**Qué te parece** este sofá?

Jack: No sé. ¿**Cómo es de ancho** el salón? Parece demasiado grande.

Paula: Bueno, cuando medimos la habitación, tenía cuatro metros de ancho.

Jack: Está bien, entonces. Pero no me gusta el color.

Paula: ¡**Qué bonito!** Mira éste. Es rojo fuerte, como la alfombra.

Jack: Creo que será **mucho** rojo en una habitación. Prefiero el azul.

Paula: ¿**Qué tal si vamos** a otra tienda? **Alguien** me dijo que hay una buena bajando la calle.

Jack: Sí, no hay **muchos** sofás diferentes aquí.

(Ellos van a la otra tienda)

Paula: ¡Oh! **¡Qué maravilla!** Mira **cuánta** gama hay aquí.

Jack: Busquemos algunos cuadros también. No tenemos **nada** que poner en las paredes.

Paula: Es una buena idea. Quizás algunos cojines también. Pero no los veo **por ningún sitio**. Esta tienda es tan grande...

Jack: Los veo por allá, junto a las cortinas.

Paula: **Todo el mundo** dice que esta tienda es muy buena, ¡y llevan razón! ¡Mira esas cortinas!

Jack: Son realmente bonitas. Podemos ponerlas en nuestro dormitorio.

Paula: Sí, no tenemos **muchas** cosas para la habitación todavía.

Jack: ¿Y **qué tal** esta alfombra?

Paula: Er, ¡no! ¡Es horrible!

Jack: Bueno, a mí me gusta.

Paula: Vayamos a buscar **algo** más bonito.

Jack: Necesitamos algunas sillas también. Sólo tenemos **unas pocas**.

Paula: De acuerdo. Pero primero, miremos esos cuadros...

Let's speak English

a Usos de «how» (I)

En una unidad posterior estudiaremos muchos usos de «how», pero a continuación veremos tres de ellos:

Para hacer proposiciones u ofrecimientos se utiliza «how about...?» (¿Qué te parece...?, ¿Qué tal si...?)

«How about» puede ir seguido de:

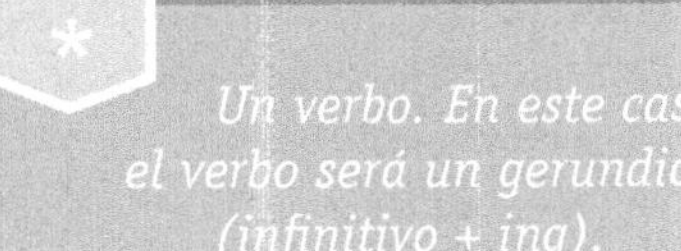

* *Un verbo. En este caso, el verbo será un gerundio (infinitivo + ing).*

How about going to the movies?
¿Qué tal si vamos al cine?

How about eating out tonight?
¿Qué te parece si salimos a cenar esta noche?

** *Un nombre o un pronombre:*

En estos casos, la equivalencia en español puede ser también ¿Y...?, ¿Qué tal...?

How about Jack?
¿Qué tal Jack?, ¿Y Jack?

How about you?
¿Y tú?, ¿Qué tal tú?

How about this cell phone?
¿Qué te parece este celular? ¿Qué tal este celular?

«How» también puede ir delante de un adjetivo. En este caso lo usamos cuando mostramos sorpresa.

How nice!	*¡Que bonito!*
How interesting!	*¡Qué interesante!*
How expensive!	*¡Qué caro!*
How hard!	*¡Qué duro!*
How terrible!	*¡Qué mal! / ¡Qué terrible!*
How funny!	*¡Qué divertido!*

HOW magazine

La revista HOW es una publicación de la editorial F&W Publications, de Cincinnati. Fue fundada en 1985 y abarca todos los tema referentes al diseño gráfico, incluidos también ilustración y diseño web. Actualmente la marca se extiende a eventos anuales, competiciones, productos digitales y libros.

Let's speak English

- This is my new car.
- Este es mi auto nuevo.
- How nice!
- ¡Qué bonito!

- She went to China last year.
- Ella fue a China el año pasado.
- How interesting!
- ¡Qué interesante!

- I paid a fortune for this house.
- Pagué una fortuna por esta casa.
- How expensive!
- ¡Qué cara!

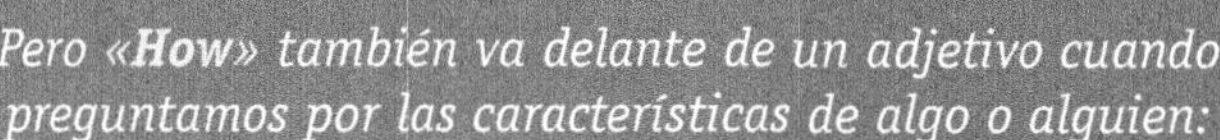

*Pero «**How**» también va delante de un adjetivo cuando preguntamos por las características de algo o alguien:*

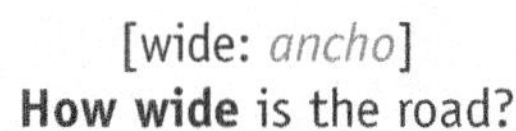

[wide: *ancho*]
How wide is the road?
¿Cómo es de ancha la carretera?
¿Cuánto mide de ancho la carretera?

[tall: *alto*]
How tall is your sister?
¿Cómo de alta es tu hermana?
¿Cuánto mide tu hermana?

[far: *lejos*]
How far is the library?
¿A qué distancia está la biblioteca?

a Expresar mucha o poca cantidad

Para expresar mucha cantidad de alguna cosa usamos «much», «many» y «a lot of».

*«**Much**» lo utilizamos con nombres incontables, en frases negativas y preguntas. Equivale a «mucho/a».*

There isn't **much** milk in the fridge.
No hay mucha leche en el refrigerador.

Is there **much** ice?
¿Hay mucho hielo?

*«**Many**» lo usamos con nombres contables, en frases negativas y preguntas. Equivale a «muchos/as».*

There aren't **many** pictures on the walls.
No hay muchos cuadros en las paredes.

Do you have **many** books?
¿Tienes muchos libros?

Pero «many» también puede aparecer en frases afirmativas:

There are **many** apples in that basket.
Hay muchas manzanas en esa canasta.

*«**A lot of**» o «**lots of**» se usan con nombres contables e incontables, en frases afirmativas.*

She has **a lot of** roses in her garden.
Ella tiene muchas rosas en su jardín.

There's **a lot of** wine in the bottle.
Hay mucho vino en la botella.

Lots of people came to the party.
Mucha gente vino a la fiesta.

Con el verbo «to like» (gustar) muchas veces aparecen tanto «much» como «a lot» al final de la frase.

I like English **very much.**
Me gusta mucho el inglés.

She likes swimming **a lot.**
A ella le gusta mucho nadar.

Gramática fácil

Gramática fácil

*Para expresar una poca o una pequeña cantidad de alguna cosa usamos **«(a) little»** y **«(a) few»**.*

***«A little»** se coloca delante de nombres incontables y equivale a «un poco (de)». Se utiliza en frases afirmativas, negativas y en preguntas.*

There's **a little** sugar.
Hay un poco de azúcar.

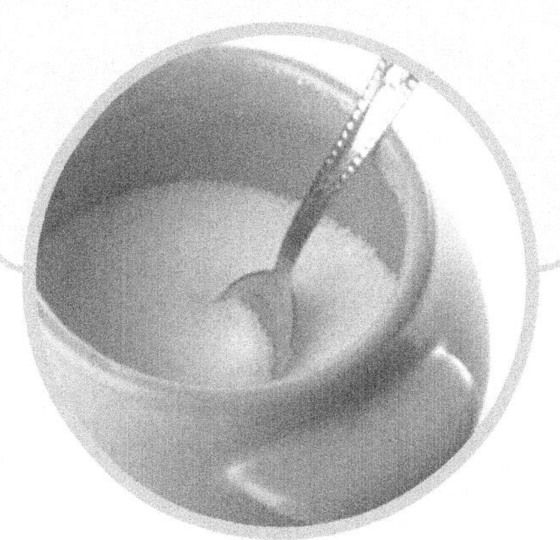

***«A few»** se coloca delante de nombres contables y equivale a «unos/as pocos/as». También se utiliza en todo tipo de frases.*

There are **a few** trees in the park.
Hay unos pocos árboles en el parque.

*En los ejemplos anteriores vemos que la cantidad que se nos indica es pequeña, pero parece suficiente. Si queremos expresar que alguna cantidad es pequeña y, además, insuficiente, usaremos **«little»** y **«few»** en lugar de «a little» y «a few».*

There's **little** sugar.
Hay poco azúcar.
(Necesitaremos más).

There are **few** trees in the park.
Hay pocos árboles en el parque.
(Debería haber más).

Little Women

«Mujercitas» es la novela más famosa de Louise May Alcott. Trata sobre la vida de cuatro hermanas y su madre, mientras esperan el regreso del padre, quien fue a luchar en la Guerra Civil de Estados Unidos. Fue publicada el 30 de septiembre de 1868 y su historia se llevó al cine, al teatro y, como musical, a Broadway.

America the Beautiful

«América la Bella» es una canción patriótica de los Estados Unidos. La letra es de Katharine Lee Bates, una profesora de inglés del Wellesley College, que la compuso en 1893. Se cantó con diferentes melodías, pero la más común es Hymn tune, compuesta en 1882 por Samuel A. Ward.

ACTIVA TU INGLÉS

Gramática fácil

Pronombres indefinidos

Los pronombres indefinidos son los que utilizamos cuando nos referimos a personas, cosas y lugares, pero no los podemos precisar.

Se forman combinando			
	some **any**	con	**body** **one** **thing** **where**

Los compuestos con «body» y «one» son sinónimos y se refieren a personas, con «thing» a cosas y con «where» a lugares.

Al igual que «some», sus compuestos se utilizan en frases afirmativas.

Sabemos que «some» indica cierta cantidad, luego:

somebody, someone	*alguien*
something	*algo*
somewhere	*en algún lugar*

There's **someone** at the door.
Hay alguien en la puerta.

I have **something** in my pocket.
Tengo algo en mi bolsillo.

She left her watch **somewhere.**
Ella dejó su reloj en algún lugar.

Gramática fácil

«Any», como sus compuestos, se usan en frases negativas y en preguntas:

	en frases negativas	en preguntas
anybody, **anyone**	*nadie*	*alguien*
anything	*nada*	*algo*
anywhere	*en ningún lugar*	*en algún lugar*

Is there **anybody** at home?
¿Hay alguien en casa?

I don't have **anything.**
No tengo nada.

I can't find my wallet **anywhere.**
No encuentro mi billetera en ningún lugar.

Linus Pauling

Fue un químico estadounidense (1901-1994) y una de las mentes más brillantes del siglo XX. Fue uno de los primeros químicos cuánticos y recibió el Premio Nobel de Química en 1954, por su trabajo sobre la naturaleza de los enlaces químicos, y el Nobel de la Paz en 1962, por su campaña contra las pruebas nucleares terrestres.

Además de los estudiados, vamos a tratar también los usos de «every» y sus compuestos. Todos implican un sentido de totalidad y se utilizan en frases afirmativas, negativas y en preguntas:

everybody, **everyone**
todos, todo el mundo

everything
todo, todas las cosas

everywhere
en todos los lugares, por todos sitios

Did **everybody** come to the party?
¿Todos vinieron a la fiesta?

I didn't tell you **everything.**
No te lo dije todo.

There are people **everywhere.**
Hay gente por todos sitios.

Hay que tener en cuenta que con un pronombre indefinido, el verbo se usa en 3ª persona del singular (como he, she *o* it*).*

Somebody **is** there.
Alguien está allí.

Everybody **sleeps** at night.
Todo el mundo duerme por la noche.

There **isn't** anyone at home.
No hay nadie en casa.

Independent Spirit Awards

Estos premios son presentados por "Film Independent", una organización sin fines de lucro, dedicada a directores y películas independientes. Desde 1984 se entregan anualmente con una ceremonia que se realiza en la playa de Santa Monica, California. Algunos de los ganadores fueron Christopher Nolan, Steve Buscemi, Christopher Lloyd y Bill Murray.

Gramática fácil

C Listado de verbos regulares (I)

A continuación se muestra una pequeña relación de verbos regulares con sus formas de pasado simple.

Verbos regulares

Infinitivo		Pasado
To answer:	*contestar*	answered
To ask:	*preguntar*	asked
To arrive:	*llegar*	arrived
To clean:	*limpiar*	cleaned
To close:	*cerrar*	closed
To cook:	*cocinar*	cooked
To decide:	*decidir*	decided
To enjoy:	*disfrutar*	enjoyed
To explain:	*explicar*	explained
To finish:	*terminar*	finished
To help:	*ayudar*	helped
To like:	*gustar*	liked
To look:	*mirar*	looked
To open:	*abrir*	opened
To play:	*jugar, tocar un instrumento*	played
To rain:	*llover*	rained
To repeat:	*repetir*	repeated
To stop:	*parar, detener*	stopped
To study:	*estudiar*	studied
To watch:	*mirar (TV), observar*	watched
To work:	*trabajar*	worked

ACTIVA TU INGLÉS

Ejercicios

1

Para hablar de distancia usamos:

a) how often?

b) how wide?

c) how far?

d) how about?

2

Corrige los errores de las cantidades en las frases que lo necesiten.

a) There's many wine in the bottle.

b) I have a few eggs for the omelette.

c) Is there much traffic downtown?

d) He's lucky. He doesn't have much problems.

e) Does she drink many milk?
No, she only drinks a little milk.

f) There are a little difficult excercises.
Not many.

g) She's very extroverted.
She has a lot of friends.

3

Usa compuestos de «some» (something, somebody / someone, somewhere) y «any» (anything, anybody / anyone, anywhere) en las siguientes frases.

a) Is there ________________ I can do?

b) I saw ________________ on the table.

c) ________________ is talking to her.

d) She put her keys ________________ .

e) He didn't phone ____________ yesterday.

SOLUCIONES

1.- how far.
2.- **a)** There's a lot of wine in the bottle; **d)** He's lucky. He doesn't have many problems; **e)** Does she drink much milk? No, she only drinks a little milk; **f)** There are a few difficult exercises. Not many. 3.- **a)** anything; **b)** something; **c)** Somebody / Someone; **d)** somewhere; **e)** anybody / anyone

UNIDAD 15

En esta unidad estudiaremos:

LET'S SPEAK ENGLISH:
a) Números ordinales. Usos.
b) Fechas.
c) Vocabulario: En el hotel.

GRAMÁTICA FÁCIL:
a) Preposiciones de lugar.
b) Los adverbios «here» y «there».
c) Listado de verbos irregulares (pasado) (I).

Diálogo

Linda acaba de llegar al hotel. Matthew es el recepcionista.

***Linda*:** Good afternoon! I have a reservation under the name of Jones.
***Matthew*:** Good afternoon, madam! Would you tell me the dates of your stay, please?
***Linda*:** I'm arriving on **June, 24th**, and I'm leaving on **July, 1st**.
***Matthew*:** Thank you. You'll be in room number 524, on the **fifth** floor. The **elevator** is **over there, near** the entrance.
***Linda*:** What time does the **front desk** close? I'll be returning late tonight.
***Matthew*:** The **front desk** never closes, but at night there is a security guard instead of a **desk clerk**. The **desk clerks** are on duty from 7am until 11pm.
***Linda*:** That's fine. Is there anywhere in the hotel where I can get a drink?
***Matthew*:** There is a **bar** on the **fourth** floor and a **coffee shop** on the **third** floor.
***Linda*:** Is there a **laundry**?
***Matthew*:** Yes, we have a **laundry service**. Just leave your clothes **here**, at the **front desk,** and we'll wash them and return them to your room. If you need to call **room service**, dial 100 on the **telephone**.
***Linda*:** Is it possible to send a fax?
***Matthew*:** Yes. We have a **fax machine** for **guests** to use.
***Linda*:** That's great. How do I get to my room?
***Matthew*:** Room 524 is on the **fifth** floor. You need to take the **elevator,** then turn right and go straight down the corridor. Your room is **next to** the stairs.
***Linda*:** Very good, thank you.
***Matthew*:** If you want to buy any gifts or postcards, we also have a **gift shop** just down the road, **across from** the bus stop.
***Linda*:** Thank you very much.
***Matthew*:** You're welcome. Enjoy your stay.
***Linda*:** Thank you. See you later.

Diálogo

(traducción)

Waldorf-Astoria

Este lujoso hotel, mundialmente conocido, funciona en un rascacielos de estilo art déco de 47 pisos, situado en Manhattan, Nueva York. El edificio, diseñado por la empresa Schultze & Weaver, se terminó de construir en 1931. Por sus habitaciones pasaron Douglas MacArthur, Nikola Tesla, el Duque y la Duquesa de Windsor, Cole Porter y Marilyn Monroe, entre otros.

Linda: *¡Buenas tardes! Tengo una reserva a nombre de Jones.*
Matthew: *¡Buenas tardes, señora! ¿Puede decirme las fechas de su estadía?*
Linda: *Llego el **24 de junio** y me marcho el **1 de julio**.*
Matthew: *Gracias. Estará en la habitación número 524, en la **quinta** planta. El **ascensor** está **por allí**, **cerca** de la entrada.*
Linda: *¿A qué hora cierra la **recepción**? Volveré tarde esta noche.*
Matthew: *La **recepción** nunca cierra, pero por la noche hay un guardia de seguridad en lugar de un **recepcionista**. Los **recepcionistas** están de servicio desde las 7 am hasta las 11 pm.*
Linda: *Está bien. ¿Hay algún lugar en el hotel donde pueda conseguir algo para beber?*
Matthew: *Hay un **bar** en la **cuarta** planta y una **cafetería** en la **tercera** planta.*
Linda: *¿Hay **lavandería**?*
Matthew: *Sí, tenemos **servicio de lavandería**. Simplemente deje su ropa **aquí**, en **recepción**, y se la lavaremos y devolveremos a su habitación. Si necesita llamar al **servicio de habitaciones**, marque el 100 en el **teléfono**.*
Linda: *¿Es posible enviar un fax?*
Matthew: *Sí. Tenemos **fax** para uso de los **clientes**.*
Linda: *Muy bien. ¿Cómo llego a mi habitación?*
Matthew: *La habitación 524 está en la **quinta** planta. Necesita tomar el **ascensor**, luego doblar a la derecha y seguir recto el pasillo. Su habitación está **junto a** las escaleras.*
Linda: *Muy bien. Gracias.*
Matthew: *Si quiere comprar regalos o postales, también tenemos una **tienda de regalos** bajando la calle, **enfrente de** la parada del autobús.*
Linda: *Muchas gracias.*
Matthew: *De nada. Disfrute su estadía.*
Linda: *Gracias. Hasta luego.*

Let's speak English

a Números ordinales – Ordinal numbers

Los tres primeros números ordinales son los siguientes:

1º primero	1st	fir**st**
2º segundo	2nd	seco**nd**
3º tercero	3rd	thi**rd**

Como se ve, en la abreviatura de los números ordinales aparece la cifra y las dos últimas letras del ordinal, escrito en letra.

A partir del número cuatro, el ordinal se forma a partir del número cardinal, añadiéndole «th»: número + th.

4º cuarto	4th	four**th**
5º quinto	5th	fif**th**
6º sexto	6th	six**th**
7º séptimo	7th	seven**th**
8º octavo	8th	eigh**th**
9º noveno	9th	nin**th**
10º décimo	10th	ten**th**
11º undécimo	11th	eleven**th**
12º duodécimo	12th	twelf**th**
13º decimotercero	13th	thirteen**th**
14º decimocuarto	14th	fourteen**th**
15º decimoquinto	15th	fifteen**th**
16º decimosexto	16th	sixteen**th**
17º decimoséptimo	17th	seventeen**th**
18º decimoctavo	18th	eighteen**th**
19º decimonoveno	19th	nineteen**th**
20º vigésimo	20th	twentie**th**

Let's speak English

Pero podemos ver ligeros cambios en algunos números:

five ▸ **fifth**
(«-ve» cambia a «–f» antes de añadir «-th»)

eight ▸ **eighth**
(al acabar en «t», sólo añade «-h»)

nine ▸ **ninth**
(la «e» desaparece antes de añadir «-th»)

twelve ▸ **twelfth**
(«-ve» cambia a «–f» antes de añadir «-th»)

twenty ▸ **twentieth**
(la «y» cambia a «i» y se añade «-eth»)

Las decenas seguirán el modelo «-ieth»:

30**th**	thirtie**th**
40**th**	fortie**th**
50**th**	fiftie**th**
80**th**	eightie**th**

En números compuestos por decena y unidad, sólo cambia a ordinal la unidad:

21**st**	twenty-fir**st**
32**nd**	thirty-seco**nd**
63**rd**	sixty-thi**rd**
85**th**	eighty-fif**th**

Usos:

Los números ordinales se usan para indicar el orden en que sucede algo o la ubicación de las cosas:

This is my **second** flight to New York.
Este es mi segundo vuelo a Nueva York.

Today is her **74th** anniversary.
Hoy es su 74º aniversario.

Take the **first** right and go ahead.
Doble la primera (calle) a la derecha y siga recto.

The 19th

La decimonovena enmienda de la Constitución de los Estados Unidos establece que el derecho al voto no puede ser impedido por discriminacion de sexo. Fue promulgada el 18 de agosto de 1920.

20th Century Fox

La empresa "20th Century Fox", ubicada en el área de Century City, Los Ángeles (California), es una de las principales del sector cinematográfico. La compañía fue fundada en 1915 por William Fox, un pionero en la creación de cadenas de salas de cine. Fox comenzó a producir películas en 1914 y en 1917 obtuvo un sonado éxito con "Cleopatra", protagonizada por Theda Bara.

Con ellos indicamos los distintos pisos o plantas de un edificio:

My aunt lives on the **ninth** floor.
Mi tía vive en el noveno piso.

Your room is on the **seventh** floor.
Su habitación está en el séptimo piso.

Y también se usan para decir las fechas (aunque en español usemos los números cardinales):

The meeting is on January, **16th**.
La reunión es el 16 de enero.

Her birthday is on November, **21st**.
Su cumpleaños es el 21 de noviembre.

The course starts on September, **12th**.
El curso empieza el 12 de septiembre.

b Fechas - Dates

Hemos visto que usaremos los números ordinales para las fechas, pero éstas pueden decirse y escribirse de varias maneras.

March, 12th March, the twelfth
March, 12 March, the twelfth

(Aunque no aparezcan las letras del ordinal, sí se pronuncian).

Habitualmente se escribe y se dice primero el mes y después el día:

3/12 (March, twelfth)

6/30/1973 (June, thirtieth, nineteen seventy-three)

Aunque también podemos encontrarnos:

12th March
the twelfth of March

Many Glacier Hotel

El hotel «Many Glacier» es un hotel histórico situado en el Parque Nacional de los Glaciares, en Montana, Estados Unidos. Se encuentra en la ribera oriental del lago Swiftcurrent. El edificio está diseñado en una serie de chalets de hasta cuatro pisos de altura. En la decoración se ha utilizado el estilo suizo de piedra y madera.

Let's speak English

C Vocabulario: *En el hotel* – At the hotel

En un hotel encontramos:

lobby / *lobby*

front desk / *recepción*

desk clerk / *recepcionista*

rooms / *habitaciones*

bar / *bar*

coffee shop / *cafetería*

giftshop / *tienda de regalos*

guest / *cliente*

bell person / *botones*

elevator / *ascensor*

laundry / *lavandería*

amenities / *artículos de aseo*

bank cards / *tarjetas bancarias*

traveler's check
cheque de viaje

room service
servicio de habitaciones

Y como objetos que encontramos en recepción:

computer / *computadora*

printer / *impresora*

fax machine / *fax*

telephone / *teléfono*

photocopier / *fotocopiadora*

paper / *papel*

eraser / *goma*

pen / *bolígrafo*

pencil / *lápiz*

stapler / *engrapadora*

stationery
artículos de oficina

keys / *llaves*

Gramática fácil

Preposiciones de lugar

En un capítulo anterior ya tratamos expresiones de lugar, que ahora ampliamos con más preposiciones:

in	*en, dentro de*
on	*en, sobre*
at	*en (un punto)*
above, over	*(por) encima de (pero sin contacto físico)*
below	*bajo, por debajo de*
under	*debajo de*
in front of	*delante de*
behind	*detrás (de)*
across from	*enfrente de*
next to	*junto a*
beside	*al lado de*
near	*cerca (de)*
between	*entre (dos)*
among	*entre (más de dos)*

The telephone is **on** the table.
El teléfono está sobre la mesa.

My room is **above** the restaurant.
Mi habitación está encima del restaurante.

The temperature is **below** zero.
La temperatura está bajo cero.

There is a printer **under** the desk.
Hay una impresora debajo de la mesa.

The desk clerk is **behind** you.
El recepcionista está detrás de ti.

Her room is **next to** the bar.
Su habitación está junto al bar.

The hotel is **between** the shop and the school.
El hotel está entre la tienda y la escuela.

The manager is **among** these people.
El gerente está entre estas personas.

Gramática fácil

Hay que tener cuidado, pues un error común es traducir «in front of» por «enfrente de», cuando, en realidad, es «delante de».

There's a car **in front of** the hotel.
Hay un auto delante del hotel.

There's a bank **across from** the hotel.
Hay un banco enfrente del hotel.

En algunos países de lengua inglesa se utiliza «opposite» como «enfrente de».

b Los adverbios «here» y «there»

«Here» (aquí, acá) y «there» (allí, allá, ahí) son dos adverbios de lugar.

«Here» se utiliza cuando indicamos que algo está cerca del hablante, o bien un lugar próximo a él:

Come **here**! / *¡Ven aquí!*

I work **here**. / *Trabajo aquí.*

Is there a post office near **here**?
¿Hay una oficina de correos cerca de aquí?

«There» se usa cuando indicamos que algo está retirado o alejado del hablante, o bien un lugar distante de él:

I went to Italy because my mother lives **there**.
Fui a Italia porque mi madre vive allí.

The pen is **there**, near the phone.
El bolígrafo está allí, cerca del teléfono.

En muchos casos estos adverbios aparecen en otras expresiones:

My house is **right here**.
Mi casa está aquí mismo.

You can buy stamps **right there**.
Puedes comprar sellos allí mismo.

I left my glasses **over here**.
Dejé mis lentes por aquí.

There's a man waiting for you **over there**.
Hay un hombre esperándote por allí.

There is another bar **up here**.
Hay otro bar aquí arriba.

The conference room is **up there**.
La sala de conferencias está allá arriba.

The lobby is **down here**.
El lobby está aquí abajo.

I can see my car **down there**.
Puedo ver mi auto allá abajo.

Downtown

Este término se aplica actualmente al centro o distrito financiero y comercial de una gran ciudad. La expresión fue acuñada en Nueva York, ciudad que nació al sur de Manhattan y luego creció hacia el norte, distinguiéndose desde entonces el «uptown» (alto Manhattan) y el «downtown» (bajo Manhattan).

Link Vint

Vinton 'Vint' G. Cerf (Connecticut, 1943) es un científico de la informática, considerado uno de los 'padres' de Internet. Se graduó en Stanford y obtuvo su doctorado en UCLA. A principios de los '70 trabajó con Robert Kahn en un conjunto de protocolos de comunicaciones para la red militar ARPANET. El objetivo era crear una "red de redes" que permitiera interconectar al Departamento de Defensa de los EEUU con independencia del tipo de conexión: radioenlaces, satélites y líneas telefónicas.

C Listado de verbos irregulares (I)

Gramática fácil

A continuación se muestra una lista de verbos irregulares con sus formas de pasado simple:

Infinitivo		Pasado
To be:	*ser, estar*	was/were
To bring:	*traer*	brought
To buy:	*comprar*	bought
To come:	*venir*	came
To do:	*hacer*	did
To drink:	*beber*	drank
To drive:	*manejar, conducir*	drove
To eat:	*comer*	ate
To feel:	*sentir*	felt
To find:	*encontrar*	found
To forget:	*olvidar*	forgot
To get:	*obtener, llegar*	got
To give:	*dar*	gave
To go:	*ir*	went
To have:	*tener, haber*	had
To lose:	*perder*	lost
To make:	*hacer, fabricar*	made
To pay:	*pagar*	paid
To put:	*poner*	put
To read:	*leer*	read
To say:	*decir*	said
To see:	*ver*	saw
To sing:	*cantar*	sang
To speak:	*hablar*	spoke
To take:	*tomar, llevar*	took
To tell:	*decir, contar*	told
To understand:	*comprender*	understood
To write:	*escribir*	wrote

1

Escribe en letra los siguientes números ordinales. En vertical se puede leer una preposición de lugar.

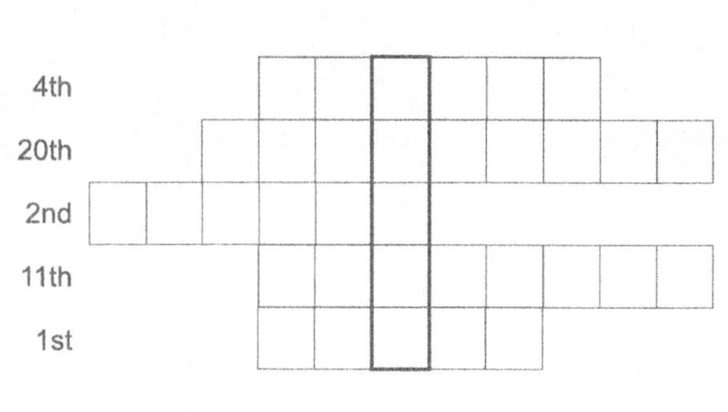

2

What's the opposite of «behind»?

a) near

b) in front of

c) under

d) between

3

What is similar to «next to»?

a) far

b) beside

c) on

d) across from

4

Subrayar la respuesta adecuada en cada caso

a) The bag is *(in / behind / among)* you.

b) The dog is sleeping *(above / in / in front of)* the door.

c) Is he waiting *(at / under / between)* the shoe shop?

d) I saw Peter *(across from / on / below)* your apartment.

e) There's a present *(at / in / over)* this box.

SOLUCIONES

1.- FOURTH / TWENTIETH / SECOND / ELEVENTH / FIRST

2.- **b)** in front of.

3.- **b)** beside.

4.- **a)** behind; **b)** in front of; **c)** at; **d)** across from; **e)** in

Fotos interior:

© Alessandrozocc | Dreamstime.com
© Alexander Chistyakov | Dreamstime.com
© Alexshalamov | Dreamstime.com
© Amy Harris | Dreamstime.com
© Andreas Gradin | Dreamstime.com
© Andres Rodriguez | Dreamstime.com
© Andrew Buckin | Dreamstime.com
© Andriy Petrenko | Dreamstime.com
© Aniram | Dreamstime.com
© Anke Van Wyk | Dreamstime.com
© Anna Baburkina | Dreamstime.com
© Anton Sokolov | Dreamstime.com
© Arenacreative | Dreamstime.com
© Ariwasabi | Dreamstime.com
© Artiomp | Dreamstime.com
© Baddboy | Dreamstime.com
© Baloncici | Dreamstime.com
© Beatrice Killam | Dreamstime.com
© Bert Folsom | Dreamstime.com
© Bora Ucak | Dreamstime.com
© Bowie15 | Dreamstime.com
© Burneingimages | Dreamstime.com
© Carrie Chapman Catt Photographs
© Chasesmith | Wikimedia Commons
© Christopher Elwell | Dreamstime.com
© Christopher Futcher | Dreamstime.com
© Cosmin - Constantin Sava | Dreamstime.com
© Cseh Ioan | Dreamstime.com
© Dana Bartekoske Heinemann | Dreamstime.com
© Daniel Schwen | Wikimedia Commons
© David Calicchio | Dreamstime.com
© David Lewis | Dreamstime.com
© Dean Mitchell | Dreamstime.com
© Denis Raev | Dreamstime.com
© Diego Cervo | Dreamstime.com
© Dleonis | Dreamstime.com
© Dmitriy Shironosov | Dreamstime.com
© Dmitry Ersler | Dreamstime.com
© Dmitry Kudryavtsev | Dreamstime.com
© dregerclock.org
© Dschwen | Wikimedia Commons
© Eastwest Imaging | Dreamstime.com
© Elena Elisseeva | Dreamstime.com
© Elena Rostunova | Dreamstime.com
© Eli Mordechai | Dreamstime.com
© Elyssa Conley | Dreamstime.com
© Epicstock | Dreamstime.com
© Eric Gevaert | Dreamstime.com
© Erik Reis | Dreamstime.com
© Eutoch | Dreamstime.com
© Evgeniy Gorbunov | Dreamstime.com
© Feferoni | Dreamstime.com
© Forca | Dreamstime.com
© Francesco Ridolfi | Dreamstime.com
© Franz Pfluegl | Dreamstime.com
© Frenk & Danielle Kaufmann | Dreamstime.com
© GChris 73 | Wikimedia Commons
© GearedBull | Wikimedia Commons
© Getty Images
© Get4net | Dreamstime.com
© Gianluca Nostro | Dreamstime.com
© Greenstockcreative | Dreamstime.com
© gutenberg.org
© Hakan Senturk | Dreamstime.com
© Henryk Sadura | Dreamstime.com
© Hongqi Zhang | Dreamstime.com
© Hupeng | Dreamstime.com
© Id1974 | Dreamstime.com
© Igor Terekhov | Dreamstime.com
© Interpretix | Wikimedia Commons
© Ioana Grecu | Dreamstime.com
© Imaging | Dreamstime.com
© Ivan Grlic | Dreamstime.com
© Janke | Wikimedia Commons
© Jason Stitt | Dreamstime.com
© Jean-marie Guyon | Dreamstime.com
© Jim Mills | Dreamstime.com
© Joao Virissimo | Dreamstime.com
© JohnCub | Wikimedia Commons
© Joingate | Dreamstime.com
© Joi Ito | Wikimedia Commons
© Jonathan Ross | Dreamstime.com
© Joshua Haviv | Dreamstime.com
© Jperagine | Dreamstime.com
© Kateleigh | Dreamstime.com
© Katharina Wittfeld | Dreamstime.com
© Kati Neudert | Dreamstime.com
© Ken Hurst | Dreamstime.com
© Kitchner Bain | Dreamstime.com
© Klotz | Dreamstime.com
© Kornilovdream | Dreamstime.com
© Konstantin Sutyagin | Dreamstime.com
© Konstantin32 | Dreamstime.com
© Kornilovdream | Dreamstime.com
© Kristian Sekulic | Dreamstime.com
© Kurhan | Dreamstime.com
© Larisa Lofitskaya | Dreamstime.com
© Lisa F. Young | Dreamstime.com
© Ljupco Smokovski | Dreamstime.com
© Luckynick | Dreamstime.com
© Luis Louro | Dreamstime.com
© Magdalena Sobczyk | Dreamstime.com
© Mangostock | Dreamstime.com
© Maria Dryfhout | Dreamstime.com
© Maria Voronina | Dreamstime.com
© Marian Mocanu | Dreamstime.com
© Marion Wear | Dreamstime.com
© Masta4650 | Dreamstime.com
© mapmaker.rutgers.edu
© Michael Flippo | Dreamstime.com

© Mitchell Barutha | Dreamstime.com
© Monika Adamczyk | Dreamstime.com
© Monkey Business Images | Dreamstime.com
© Moreno Soppelsa | Dreamstime.com
© Natalia Bratslavsky | Dreamstime.com
© Nfx702 | Dreamstime.com
© Nikola Hristovski | Dreamstime.com
© Nyul | Dreamstime.com
© Onlykristen | Dreamstime.com
© Onur Ersin | Dreamstime.com
© Orange Line Media | Dreamstime.com
© Pascal Eisenschmidt | Dreamstime.com
© Paul Wolf | Dreamstime.com
© Pavel Losevsky | Dreamstime.com
© Pawel Strykowski | Dreamstime.com
© People Magazine
© Perseomedusa | Dreamstime.com
© Petar Neychev | Dreamstime.com
© Peter Kim | Dreamstime.com
© Photowitch | Dreamstime.com
© Pictac | Dreamstime.com
© Purmar | Dreamstime.com
© Redbaron | Dreamstime.com
© Refat Mamutov | Dreamstime.com
© Riekefoto | Dreamstime.com
© Richard Semik | Dreamstime.com
© Robert Byron | Dreamstime.com
© Robert Kneschke | Dreamstime.com
© Robert Nolan | Dreamstime.com
© Roberts Ratuts | Dreamstime.com
© Ron Chapple Studios | Dreamstime.com
© Sandor Kacso | Dreamstime.com
© Serghei Starus | Dreamstime.com
© Sergey Rusakov | Dreamstime.com
© Serguei Bachlakov | Dreamstime.com
© Shevelartur | Dreamstime.com
© Shiningcolors | Dreamstime.com
© Sonya Etchison | Dreamstime.com
© South12th | Dreamstime.com
© Ssuaphoto | Dreamstime.com
© Stephanie Swartz | Dreamstime.com
© Stephen Coburn | Dreamstime.com
© Stelya | Dreamstime.com
© Stocknadia | Dreamstime.com
© Suprijono Suharjoto | Dreamstime.com
© The Obento Musubi | Wikimedia Commons
© Toddtaulman | Dreamstime.com
© Tomas Del Amo | Dreamstime.com
© Traveler100 | Wikimedia Commons
© Ukrphoto | Dreamstime.com
© USIA | Wikimedia Commons
© Vgstudio | Dreamstime.com
© Yanlev | Dreamstime.com
© Yulia Chupina | Dreamstime.com
© Yurok Aleksandrovich | Dreamstime.com
© Yuri Arcurs | Dreamstime.com
© Yvanovich | Dreamstime.com
© Warrengoldswain | Dreamstime.com
Wikimedia Commons | © Hibino
© W0lfie | Wikimedia Commons
© www.archives.gov
© Zac Wolf | Wikimedia Commons
© 4774344sean | Dreamstime.com

Made in the USA
Las Vegas, NV
10 November 2022

59105884R00090